陶百川全集(五)

爲人權呼號

三民書局印行

國立中央圖書館出版品預行編目資料

為人權呼號／陶百川著.--初版.--臺北市：三民，民81
面；　公分，--（陶百川全集；5）
ISBN 957-14-1885-4（精裝）

1.中國-政治與政府-論文，講詞等

573.07　　81001631

為人權呼號

著　者　陶百川
發行人　劉振強
出版者　三民書局股份有限公司
印刷所　三民書局股份有限公司
地址／臺北市重慶南路一段六十一號
郵撥／〇〇〇九九九八－五號
初　版　中華民國八十一年四月
編　號　S 57070
行政院新聞局登記證局版臺業字第〇二〇〇號

ISBN 957-14-1885-4（精裝）

本書編讀指引

這個「呼號」特輯十四册，包含五個主題：第一個是現代國家的立國之道——自由、民主和法治。這三者形成運環，環環相扣，缺一不可。這是說，自由是民主的和法治的自由；民主是自由的和法治的民主；而法治是自由的和民主的法治。因爲如果沒有民主，而處在專制獨裁之下，自由當然不能想像，如果沒有法治，也將如羅蘭夫人所嘆：天下許多罪惡將假自由之名而行。民主而沒有自由或法治，也會像自由之徒託空言。至於法治而無自由或民主，則是暴政或惡法，縱或有利於統治，但必不利於人民。

第二個主題是人權，包含人權保護和洗冤白謗兩部分。本集著者陶先生擔任多年監察委員，而且痌瘝在抱，長時間爲人民打抱不平，所以本書內容很充實。

第三個主題是改革開放，共有三書，於改革開放外，也論到造勢圖強和溝通安和。

第四個主題是政風社風，包含公義私德，端正政風，整肅官箴以及遏止圖利。

第五個主題是國家統一，首先是呼號兩岸共存，進一步規劃三聯統一。本集著者年來擔任國家統一委員會委員，用力很勤，所以在這兩書外還著有《臺灣經驗統一大道》可供參閱。

為人權呼號　目錄

人權侵害及其救濟

臺灣和大陸的人權報告

人權要旨

人權種類及其特點

我爲什麼要出版這本敏感的政論集呢？引用世界人權宣言的弁言，我是：

茲鑒於人類一家，對於人人固有尊嚴及其平等不移權利之承認確係世界自由、正義與和平之基礎；

復鑒於人權之忽視及侮蔑恒釀成野蠻暴行，致使人心震憤，而自由言論、自由信仰、得免憂懼、得免貧困之世界業經宣示爲一般人民之最高企望；

復鑒於爲使人類不致迫不得已鋌而走險以抗專橫與壓迫，人權須受法律規定之保障；

復鑒於國際友好關係之促進，實屬切要；

復鑒於聯合國人民已在憲章中重申對於基本人權、人格尊嚴與價值，以及男女平等權利之信念並決心促成大自由中之社會進步及較善之民生；

復鑒於各會員國業經誓願與聯合國同心協力促進人權及基本自由之普遍尊重與遵行；

復鑒於此種權利自由之共同認識對於是項誓願之徹底實現至關重大；……

依照世界各種模式，人權範圍有廣有窄，人權境界有高有低，我不能詳加徵引，但大別之，可分三類：國際法的號召，民主國家的保證以及共產黨國家和落後國家的標榜。我現在舉出世界人權宣言作爲第一類的代表，中華民國作爲第二類，中共作爲第三類，列表比較如左：

目標	具體內容和保障	根據
平等	一、人人皆生而自由，在尊嚴及權利上均各平等。 二、人人皆得享受本宣言所載之一切權利與自由，不分種族、膚色、性別、語言、宗教、政見或他種主張、國籍或門第、財產、出生或他種身分。 三、人人在法律悉屬平等，且應一體享受法律之平等保護。人人有權享受平等保護，以防止違反本宣言之任何歧視煽動此種歧視之任何行爲。	人權宣言第一條、第二條、第七條
	一、中華民國各民族一律平等。 二、中華民國人民無分男女、宗教、種族、階級、黨派，在法律上一律平等。 三、……各種選舉，……以普通、平等、直接及無記名投票之方法行之。	中華民國憲法第五條、第七條、第一百二十九條
	「中華人民共和國」是統一的多民族的國家，各民族一律平等。 （參考：同法第一條：「中華人民共和國」是工人階級領導的以工農聯盟爲基礎的無產階級專政的社會主義國家。又第二條：中國共產黨是全中國人民的領導核心。工人階級經過自己的先鋒隊中國共產黨實現對國家的領導。）	中共憲法第四條

自由	一、㈠人人在一國境內有自由遷徙及擇居之權。㈡人人有權離去任何國家，連其本國在內，並有權歸返其本國。 二、人人有思想、良心與宗教自由之權；此項權利包括其改變宗教或信仰之自由，及其單獨或集體、公開或私自以教義、躬行、禮拜及戒律宣示其宗教或信仰之自由。 三、人人有主張及發表自由之權；此項權利包括保持主張而不受干涉之自由，及經由任何方法不分國界以尋求、接收並傳播消息意見之自由。 四、㈠人人有平和集會結社自由之權。㈡任何人不容強使隸屬於某一團體。	人權宣言第十三條、第十八條、第十九條和第二十一條
	一、人民有居住及遷徙之自由。 二、人民有言論、講學、著作及出版之自由。 三、人民有秘密通訊之自由。 四、人民有信仰宗教之自由。 五、人民有集會及結社之自由。 六、凡人民之其他自由及權利，不妨害社會秩序公共利益者，均受憲法之保障。 （參考：但依憲法第二十三條規定，以上各條列舉之自由權利，如爲防止妨礙他人自由，避免緊急危難，維持社會秩序，或增進公共利益所必要，得以法律限制之。）	中華民國憲法第十條至第十四條又第二十二條

	一、公民有言論、通信、出版、集會、結社、遊行、示威、罷工的自由，有運用「大鳴、大放、大辯論、大字報」的權利。 二、公民有信仰宗教的自由和不信仰宗教、宣傳無神論的自由。	中共憲法第四十五條和第四十六條
人身保護	一、人人有權享有生命、自由與人身安全。 二、任何人不容加以酷刑，或施以殘忍不人道或侮謾之待遇或處罰。 三、任何人不容加以無理逮捕、拘禁或放逐。 四、人人於其權利與義務受到判定時及被刑事控告時，有權享受獨立無私法庭絕對平等不偏且公開之聽審。 五、㈠凡受刑事控告者，在未經依法公開審判證實有罪，審判時並須予以答辯上所需之一切保障。㈡任何人在刑事上之行爲或不行爲，於其發生時依國家或國際法律均不構成罪行者，應不爲罪。刑罰不得重於犯罪時法律之規定。 六、㈠人人爲避迫害有權在他國尋求並享受庇身之所。㈡控訴之權源於非政治性之犯罪或違反聯合國宗旨與原則之行爲者，不得享受此種權利。	人權宣言第三條、第五條、第十條、第十一條和第十四條
	一、人民身體之自由應予保障，除現行犯之逮捕由法律另定外，非經司法或警察機關依法定程序，不得逮捕拘禁。非由法院依法定程序，不得審問處罰。非依法定程序之逮捕、拘禁、審問、處罰得拒絕之。 人民因犯罪嫌疑被逮捕拘禁時，其逮捕拘禁機關應將逮捕拘禁原因	中華民國憲法第八條和第九條

	，以書面告知本人及其本人指定之親友，並至遲於二十四小時內移送該管法院審問。本人或他人亦得聲請該院於二十四小時內向逮捕之機關提審。 法院對於前項聲請，不得拒絕，並不得先令逮捕拘禁之機關查覆，逮捕拘禁之機關，對於法院之提審，不得拒絕或遲延。 人民遭受任何機關非法逮捕拘禁時，其本人或他人得向法院聲請追究，法院不得拒絕，並應於二十四小時內向逮捕拘禁之機關追究依法處理。 人民除現役軍人外，不受軍事審判。	
	一、公民的人身自由和住宅不受侵犯。任何公民，非經「人民法院」決定或者「人民檢察院」批准並由公安機關執行，不受逮捕。 二、「中華人民共和國」對於任何由於擁護正義事業、參加革命運動、進行科學工作而受到迫害的外國人，給予居留的權利。	中共憲法第四十七條和第五十九條
參政權	(一)人人有權直接或以自由選舉之代表參加其本國政府。 (二)人人有以平等機會參加其本國公務之權。 (三)人民意志應爲政府權力之基礎；人民意志應以定期且眞實之選舉表現之，其選舉權必須普及而平等，並當以不記名投票或相等之自由投票程序爲之。	人權宣言第二十一條
	一、人民有選舉、罷免、創制及複決之權。	中華民國憲法第十七

	二、人民有應考試、服公職之權。	條和第十八條
	一、年滿十八歲的公民，都有選舉權和被選舉權。依照法律被剝奪選舉權和被選舉權的人除外。 (參考：同法第五十六條規定：公民必須擁護中國共產黨的領導，擁護社會主義制度。)	中共憲法第四十五條
社會安全	一、人既爲社會之一員，自有權享受社會保障，並有權享受個人尊嚴及人格自由發展所必需之經濟、社會文化各種權利之實現；此種實現之促成端賴國家措施與國際合作並當依各國之機構與資源量力爲之。 二、㈠人人有權工作，自由選擇職業，享受優裕之工作條件及失業之保障。㈡人人不容任何區別，有同工同酬之權利。㈢人人工作時，有權享受公平優裕之報酬，務使其本人及其家屬之生活足以維持人類尊嚴，必要時且應有他種社會保護辦法，以資補益。㈣人人爲維護其權益，有組織及參加工會之權。 三、人人有休息及閒暇之權，包括工作時間受合理限制及定期有給休假之權。 四、㈠人人有權享受其本人及其家屬康樂所需之生活程度，舉凡衣、食、住、醫藥及必要之社會服務均包括在內；且於失業、患病、殘廢、寡居、衰老、或因不可抗力之事故致有他種喪失生活能力之情形時，有權享受保障。㈡母親及兒童應受特別照顧及協助。所有兒童	人權宣言第二十二條、第二十三條、第二十四條和第二十五條

，無論婚生與非婚生，均應享受同等社會保護。	
一、人民具有工作能力者，國家應予以適當之工作機會。 二、國家爲改良勞工及農民之生活，增進其生產技能，應制定保護勞工及農民之法律，實施保護勞工及農民之政策。婦女兒童從事勞動者，應按其年齡及身體狀態，予以特別之保護。 三、勞資雙方應本協調合作原則，發展生產事業。勞資糾紛之調解與仲裁，以法律定之。 四、國家爲謀社會福利，應實施社會保險制度。人民之老弱殘廢，無力生活，及受非常災害者，國家應予以適當之扶助與救濟。 五、國家爲奠定民族生存發展之基礎，應保護母性，並實施婦女兒童福利政策。 六、國家爲增進民族健康，應普遍推行衛生保健事業及公醫制度。 七、國民經濟應以民生主義爲基本原則實施平均地權，節制資本，以謀國計民生之均足。 八、國家應普設平民金融機構，以救濟失業。 九、國家對於僑居國外之國民，應扶助並保護其經濟事業之發展。 十、人民之生存權工作權及財產權，應予保障。	中華民國憲法第一百五十二條至第一百五十七條，又第一百四十二條、第一百五十條和第一百五十一條，又第十五條和第十六條，又第十五條
一、公民有勞動的權利。國家根據統籌兼顧的原則安排勞動就業，在發展生產的基礎上逐步提高勞動報酬，改善勞動條件，加強勞動保護，擴大集體福利，以保證公民享受這種權利。	中共憲法第四十八條至第五十條，又第五十三條至第五十四條

	二、勞動者有休息的權利。國家規定勞動時間和休假制度，逐步擴充勞動者休息和休養的物質條件，以保證勞動者享受這種權利。 三、勞動者在年老、生病或者喪失勞動能力的時候，有獲得物質幫助的權利。國家逐步發展社會保險、社會救濟、公費醫療和合作醫療事業，以保證勞動者享受這種權利。國家關懷和保障革命殘廢軍人、革命烈士家屬的生活。 四、婦女在政治的、經濟的、文化的、社會的和家庭的各方面享有同男子平等的權利，男女同工同酬。男女婚姻自由。婚姻、家庭、母親和兒童受國家的保護。國家提倡和推行計劃生育。 五、國家保護華僑和僑眷的正當的權利和利益。 (參考：該法第十條規定：國家實行「不勞動者不得食」、「各盡所能，按勞分配」的社會主義原則。)	
教育權利	一、㈠人人皆有受教育之權。教育應屬免費，至少初級及基本教育應然。初級教育應屬強迫性質。技術與職業教育應廣為設立。高等教育應予人人平等機會，以成績為準。㈡教育之目標在於充分發展人格，加強對人權及基本自由之尊重。教育應謀促進各國、各種或各宗教團體間之諒解、容恕及友好關係，並應促進聯合國維繫和平之各種工作。㈢父母對其子女所應受之教育，有優先抉擇之權。 二、㈠人人有權自由參加社會之文化生活，欣賞藝術，並共同襄享科學進步及其利益。㈡人人對其本人之任何科學、文學或美術作品所獲	人權宣言第二十六條和第二十七條

得之精神與物質利益，有享受保護之權。

一、人民有受國民教育之權利與義務。
二、教育文化，應發展國民之民族精神，自治精神，國民道德，健全體格與科學及生活智能。
三、國民受教育之機會一律平等。
四、六歲至十二歲之學齡兒童，一律受基本教育，免納學費，其貧苦者，由政府供給書籍。已逾學齡未受基本教育之國民，一律受補習教育，免納學費，其書籍亦由政府供給。
五、各級政府應廣設獎學金名額，以扶助學行俱優無力升學之學生。
六、全國公私立之教育文化機關，依法律受國家之監督。
七、國家應注重各地區教育之均衡發展，並推行社會教育，以提高一般國民之文化水準，邊遠及貧瘠地區之教育文化經費，由國庫補助之。其重要之教育文化事業，得由中央辦理或補助之。
八、教育、科學、文化之經費，在中央不得少於其預算總額百分之十五，在省不得少於其預算總額百分之二十五，在市、縣不得少於其預算總額百分之三十五。其依法設置之教育文化基金及產業，應予以保障。
九、國家應保障教育、科學、藝術工作者之生活，並依國民經濟之進展，隨時提高其待遇。
十、國家應獎勵科學之發明與創造，並保護有關歷史文化、藝術之古蹟

中華民國憲法第二十一條、第一百五十八條至第一百六十七條

	古物。 十一、國家對於左列事業或個人，予以獎勵或補助：㈠國內私人經營之教育事業成績優良者。㈡僑居國外國民之教育事業成績優良者。㈢於學術或技術有發明者。㈣從事教育久於其職而成績優良者。	
	一、公民有受教育的權利。國家逐步增加各種類型的學校和其他文化教育設施，普及教育，以保證公民享受這種權利。國家特別關懷青少年的健康成長。 二、公民有進行科學研究、文學藝術創作和其他文化活動的自由。國家對於從事科學、教育、文學、藝術、新聞、出版、衛生、體育等文化事業的公民的創造性工作，給以鼓勵和幫助。	中共憲法第五十一條和第五十二條
保證	一、人人於行使其權利及自由時僅應受法律所定之限制，且此種限制之唯一目的應在確認及尊重他人之權利與自由並謀符合民主社會中道德、公共秩序及一般福利所需之公允條件。 二、本宣言所載，不得解釋為任何國家、團體或個人有權以任何活動或任何行為破壞本宣言之任何權利與自由。	人權宣言第二十九條和第三十條
	一、凡公務員違法侵害人民之自由或權利者，除依法律受懲戒外，應負刑事及民事責任。被害人民就其所受損害，並得依法律向國家請求賠償。 二、人民有請願、訴願及訴訟之權。	中華民國憲法第二十四條和第十六條

中共憲法第五十五條
公民對於任何違法失職的國家機關和企業、事業單位的工作人員，有權向各級國家機關提出控告。公民在權利受到侵害的時候，有權向各級國家機關提出申訴。對這種控告和申訴，任何人不得壓制和打擊報復。

看這書面規定，人權宣言的人權境界自是最高，但中華民國憲法也不多讓，最差勁的當然是中共。中共的人權情況，不必查證，只須看它的憲法第一條：「中華人民共和國是工人階級領導的以工農聯盟爲基礎的無產階級專政」，以及第二條：「中國共產黨是全中國人民的領導核心」，也就可知人權乃是奢侈品，只供少數人享受。如果不信，請看拙著《臺灣要更好麼》第一章〈統一談何容易！〉

但是卽使在民主國家，人權也不能專靠憲法的賜予，而仍有賴和有待於人民去維護和爭取。其中最當努力和站在前鋒地位的，乃是民意代表，在我國，特別是監察院和監察委員。

不敢稍懈，我在監委任內曾爲人權說了不少的話，提了不少的案，有的闡明自由、民主和法治以及人權本身的理論和必要，有的是糾正和糾彈執法人員，以預防他們再行違法濫權和蹂躪人權。本書所蒐輯的，就是這一部分文獻。同時，也增輯了我最近所寫的一部分文稿。

有些有關文件和文字，本來爲數尚多，也應收印在內，可是體念時艱，我不便全數公開，而只能等到將來了。

再者：本書所收印的，偏於人權中的人身保障。至其餘各項包括平等、自由、參政權、社會安全和教育權利等，已分載於拙著《臺灣要更好麼》、《臺灣怎樣能更好?》、《東亞豪賭》、《比較監察制度》以及《叮嚀文存》，恕不贅錄。

最後，我要引用本書第一章中蔣（先）總統所說的這些感人很深的話：

在第二次世界大戰以後，戡亂的戰事已進入決定階段的時候，我們政府中很多負責官員和一般人士，也不是不可能在共產黨和平共存的口號下，和他們妥協，而在大陸上那無異馬克斯主義翻版的政權下獲取其個人的重要地位，但是他們卻毅然到了臺灣，繼續為自由而奮鬥（請容許本書著者加上這麼一句話：「也就是為人權而奮鬥」）。

我們為了根除共產主義而作的獻身的努力，完全是基於人道主義和一切偉大宗教所公認的眞理；這不是一種政治上或其他方面的權力鬥爭，而是一種基於我們堅持要使人的生活有意義，生命有價值……一言以蔽之，要使人人自由的奮鬥。

我很欣幸，我也沒有和中共妥協，而在民國三十八年五月上旬離滬來臺，因而能為人權繼續奮鬥，而且獲得政府有關當局的適當反應和改善。如在大陸，二者（呼籲和反應）當然是都不可能的。

窗外飄進「爲了爭自由，爲了享人權」的歌聲，它提醒我們必須不斷努力，使自由之花，不獨在臺灣，也在大陸，遍地開放，使人權之果，不獨在臺灣，也在大陸，普天同享！

六十八年一二三自由日

人權與國運

最近自美返臺後，我一連幾次婉謝公開演講，但對這次世界人權日紀念大會，我一請就來，那是因爲我想提醒政府當局和社會人士必須格外尊重人權、保護人權，那不獨是爲了人民的幸福，也是爲了國家的光彩，而更是爲了政治和社會的安寧，我想世界各國所以要在今天紀念世界人權日也有這樣的作用。

古聖先賢强調人權

回憶三十四年前，一九四八年的今天，聯合國大會通過了世界人權宣言。它列舉人權的內容，包括平等、自由、人身保護、民主參政、社會安全、教育權利以及這些人權的保證方法。凡此都是做人的基本權利，也是立國的基本精神，人人都有尊重和保護的責任，而政府尤其責無旁貸。所以世界人權宣言已被公認爲茫茫大海中的燈塔，它導引著過往的船隻向正確和安全的航道前進。

有人以爲世界人權宣言是外國貨，它所主張的那些自由民主平等的權利，並不適合我國的國情，我們需要中國貨，合於中國傳統和文化的土產。但他們忘記了世界人權宣言所宣告的那些基本人權，也是我國祖先所追求的目標。以人身保護而論，中國的四書五經早曾一再強調。例如尙書就指出：「罪疑惟輕，功疑惟重；與其殺不辜，寧失不經」。孟子甚至說：「行一不義，殺一不辜，而得天下，吾不與也」。今總統蔣經國先生仰承這些古訓，常說：「政府任何有關國民權利的措施，都需以人性的尊嚴和人權的要求爲其基本的依據」。對於這些仁人之言和高明的話，我們不可數典忘祖，而應大力實踐。

憲法明訂人權項目

至於世界人權宣言那些具體條目，我國憲法也一一規定。我曾寫《人權呼應》一書，把世界人權宣言與我國憲法所訂的人權項目，一一加以對照和比較，發現人權宣言所有者，我國憲法幾無一不有。而我國憲法的制訂，且比人權宣言提早兩年。我們當然不可因爲自由民主等人權曾爲外國所提倡而就加以非議和排斥。

在上面的講話中，我感念了世界人權宣言及其創始者的聯合國，也提到了我國的古聖先賢以及 蔣總統，於是我必須對中國人權協會及其領導人杭立武博士說幾句讚美和感謝的話。以人權那樣的重要，臺灣早應有協進會之類的組織和運動，可是直到三年前方由杭先生等發起這個中國人權協會，而後方有像今天這樣的人權日紀念大會，對人權作有組織的呼號和奔走，使社會獲得照顧，爲政府增添光彩。對人權協會和杭理事長的愛心和勇氣，我們都應表示欽佩和感謝。

義士來歸仁政使然

雖然如此，仍有人批評中國人權協會對大陸人權情況說得太多，而對臺灣人權照顧太少，但因大陸人口多而人權情況較壞，同爲中國人，該會自應予以較多的關注和督責。至於對臺灣人權的照顧，當然尚可加強，但也有若干阻力。我本來是該會的顧問，兩年前便因外界困擾而辭職。我想杭理事長等可能受到更多的屈曲。我們應該給以諒解、鼓勵和支援。

今天應邀說話的尚有吳榮根義士，這使我從人權問題想到中國的統一問題。我方才提到孟子，現在我再引孟子與梁襄王的一段話，以供參考。梁襄王問孟子：「現在天下擾攘，怎麼方能安定呢？」孟子回答：「統一就能安定」。王問：「什麼樣的人能夠把天下統一呢？」答：「不喜歡殺人的人能夠統一天下」。王又問：「誰能與他共圖統一大業呢？」答：「天下人都會與他合作」。這次吳義士駕機來歸，與我們共圖統一大業，就乃是因爲我國比中共更能尊重人權，推行仁政。然則，我們還能不格外的努力於人權和仁政麼！

子產不毀鄉校故事

最後，諸位女士、諸位先生！請容我再講春秋時代鄭子產不毀鄉校的故事。鄭國人民常在鄉校批評當局的得失。然明勸子產把鄉校毀掉。

子產說：「你這話是甚麼道理呢？人民朝晚沒有工作的時候遊於鄉校，批評政治的好壞。他們認爲是好的，我就照做；他們認爲壞的，我就照改。這是我的老師呀！爲甚麼要把它毀掉呢？我只聽說忠心行善可以減少怨尤，可是從來沒有聽說作威可以防止怨尤的。恐怖政治未始不能防怨於一時，但是防民之口難於防川，平時不讓河水有一出路，潰決時傷人必多，那時我就不能挽救了。所以不如讓它有一出路，不如讓我聽了他們的批評，好作爲治病的藥石」。子產這番話，可作爲從政人員的座右銘。可惜沒有多少從政人員能有這樣的智慧和風度。

孔子聽了很欽佩，說：「從這番話來看，有人說子產是個不仁的人，我才不相信呢」！

方才講的兩個故事，一是關於人身自由，一是關於言論自由，都是最重要的人權，而言論自由尤爲重要，因爲人身自由如果被侵犯，受害者只是少數人，而言論自由被摧殘，則新聞自由講學自由和出版自由都將失去保障，而不能生存，於是人民變成啞子，政府變成瞎子和聾子，國家和社會將會多麼危險。

譬如治水疏導爲上

言論自由當然不可濫用，國家自可加以管理；但是譬如治水、疏導重於圍堵。淡水河的水如果沒有關渡那個出口，讓它流向大海，則恐我們現在開會的中山堂，早已變成水鄉了。

臺灣的言論自由當然遠好於大陸，依照中國人權協會昨天發表的民意調查，百分之五十多的人表示滿意，但究竟不及人身自由情況那樣的美滿，它有百分之九十以上的成績，足見言論自由的管理還有改進的必要。我建議人權協會能夠在這個主要的人權課題上協調政府和社會做得恰到好處。

七十一年十二月十一日

戒嚴亟須網開三面

行政院長孫運璿日前在立法院答覆立法委員郭登敖的質詢時表示：戒嚴法中與軍事無關部分，政府將儘量放寬，使人民生活及社會經濟各方面的活動，不受長期戒嚴的影響。此一重要談話關係人民權益至鉅，所以很受重視。

誠如孫院長所說，三十年來我們與中共敵對的情勢未變，所以戒嚴法的存在因而有必要。不過，立委郭登敖認爲，我們並未完全戒嚴而掛個戒嚴的招牌，影響外人對我們的觀感。

事實也是如此，政府宣布戒嚴後，戒嚴法中很多規定並未實施，包括第七條戒嚴時期接戰地域內地方行政事務和司法事務移歸該地最高司令官掌管，以及其地方行政官及司法官應受該地最高司令官的指揮等條文。

我認爲，在文明國家，戒嚴法仍可有但不必用，目前我們所處的情況特殊，戒嚴法的存在，仍有必要，但是否依照這個戒嚴法宣布長期戒嚴，則實無必要。

依照戒嚴法的規定，總統如認爲情勢緊急，得經行政院呈請宣告戒嚴，而不必先經立法院決議。臺灣地區交通方便，電視廣播發達，戒嚴令一下，不到一個小時，卽可傳達到各角落，所以無需長期戒嚴。

上面是指全國性戒嚴而言，如果發生局部性或區域性暴亂，當地必須戒嚴時，依照戒嚴法也可由當地駐軍團長司令或團長以上的部隊長宣告戒嚴，並按規定迅速呈報總統。

由於戒嚴法的授權很大，所以，不論全國性戒嚴，或局部性戒嚴，在緊急情況下，並不需先經立法院的通過才能宣告，運用起來也不致於有太大的困難。此外，如果更有適當的取代辦法可以達到戒嚴的目的，則更不是不可以解嚴。這樣可以不必負擔戒嚴的惡名，也可達到安全的目的。

有什麼替代辦法可以達到這個目的？如果宣布解嚴，那麼現有三項法律仍可補救，就是國家總動員法、妨害國家總動員懲罰暫行條例及懲治叛亂條例。

戒嚴的作用難以替代的是懲治叛亂，也就是說，叛亂案件現由軍事法庭審判。但是，依照一般司法程序，叛亂案件是採二審制度，先由高等法院審理，不服高等法院判決，可以上訴最高法院，而不歸軍事機關審判。

叛亂案件完全交司法機關審理，目前能否被接受，不無問題。不過，非重大叛亂案件應可交司法機關審理，則似可修改懲治叛亂條例第十條規定：「犯本條例之罪者，軍人由軍事機關審判，非軍人由司法機關審判，但犯本條例第四條之罪者，不論身分概由軍事機關審判之」。這是說，武裝叛亂等重大案件，自可交軍事審判，但如果屬於言論性質的犯罪，例如爲匪宣傳，則應交司法機關審理。

六十七年九月三十日

叛亂罪名及其條件

言論文字叛亂罪的認定問題

依據懲治叛亂條例的規定，言論文字在左列三種情形下有觸犯叛亂罪的可能：

一、煽惑軍人公務人員不執行職務不守紀律或逃叛者（該條例第四條第十一款）；

二、散佈謠言或傳播不實之消息足以妨害治安或搖動人心者（同上第六條）；

三、爲有利於叛徒的宣傳者（同上第七條）。

現在假設某甲寫了一篇建議政府提高軍人待遇的文章，被控有煽惑軍人不守紀律的罪嫌；某乙在其所編的報上發表一條消息，被控有搖動人心的罪嫌；某丙在演講三民主義時根據 國父遺教「民生主義就是共產主義」論述共產主義也有可取之處，因而被控爲有利於叛徒的宣傳，而這三人被控的事實和證據，只是上述言論和文字，此外並無匪諜或叛徒的事證。請問軍法機關可否處以叛亂罪？

一

國防部軍法局曾經對此加以研究。結論是不得因此科以叛亂罪。該局法律研討會四十一年二月十八日的研討紀錄載有這麼一個議案：「查懲治叛亂條例第四條第十一款『煽動軍人不守紀律』及同條例第六條『傳播不實之消息足以動搖人心』兩罪，是否以具有叛亂意思爲構成要件案。決議：以具有叛亂意思爲構成要件」。

關於「爲有利於叛徒之宣傳」的責任問題，國防部曾以明令釋示：必須以當事人具有叛亂的犯意爲前提。因此，假使上述某丙論述共產主義的動機，並不在爲共匪作宣傳，他本人也不是什麼匪諜，這樣他就不具有「爲有利於叛徒之宣傳」的犯意，即使共匪因而得到宣傳上的利益，某丙也不負叛亂的責任。因爲國防部的命令說：「查懲治叛亂條例第六條之散佈謠言動搖人心，須以爲有利匪徒之犯意爲前提。原判理由欄既說明被告並無爲匪掩護之嫌，應具另犯陸海空軍刑法第九十二條後段之罪名，尚不無研究餘地。原審按懲治叛亂條例第六條論擬，嫌欠審酌」（國防部四十四年九月六日理琦字第二二三號令）。

國防部四十三年九月七日青海字第〇八八號命令說得更透澈：「查懲治叛亂條例第一條規定『叛亂罪犯適用本條例懲治之』，是該條例所定各條之罪，均須具備叛亂罪之意思要件，方足構成。來呈所述情形，如非基於叛亂之意思而散播不實之消息，搖動軍心，尚難律以該條例第六條之罪。如有構造謠言淆惑聽聞之犯行，應依陸海空軍刑法第九十二條後段之規定處斷。」

國防部軍法局在四十六年一個判決書中，也明白指示「查叛亂罪之成立，應以有無叛亂罪之行爲與意圖爲斷。本件被告雖有揑造不實消息之行爲，但……究竟有無叛亂之意圖，應否構成懲治叛亂條例之傳播不實之消息足以搖動人心之罪，抑僅構造謠言以淆惑聽聞，成立陸海空軍刑法之詐僞罪，尚不無研討餘地。」軍法局因而認爲「原審未予詳求，遽爾判決，嫌有未洽」（國防部四十六年度九月覆普㈢字第二三七號）。

二

然則什麼叫做「叛亂」呢？什麼叫做叛亂的「意思」或「意圖」呢？根據懲治叛亂條例第一條第二條，和刑法第一百條、第一百零一條、第一百零三條和第一百零四條的規定，左列各項行爲都是叛亂：

一、意圖破壞國體者（懲治叛亂條例第一條第二條引用刑法第一百條）；

二、意圖竊取國土者（同上）；

三、意圖以非法之方法變更國憲者（同上）；

四、意圖以非法之方法顚覆政府者（同上）；

五、以暴動犯上列四款之罪者（懲治叛亂條第一條第二條引用刑法第一百零一條）；

六、通謀外國或其派遣之人，意圖使該國或他國對中華民國開戰端者（同上引用刑法第一百零三條）；

七、通謀外國或其派遣之人意圖使中華民國領域屬於該國或他國者（同上所引用刑法第一百零四條）。

所謂叛亂的意思或意圖，簡言之，就是以上列各款行為之一為目的的企圖。因此，根據國防部的釋示和軍法局的判例，所謂叛亂行為，必須具有上列七款中任何一款的目的，方可依懲治叛亂條例，科以重刑，否則只是觸犯刑法中的妨害公務罪或妨害秩序罪而應由法院去偵查和審判。舉例以明之：煽惑軍人不執行職務，這個罪行是夠嚴重的，但是行為人（煽惑者）假使沒有上列七款的目的，換言之，沒有叛亂的意思或意圖，則只能依刑法第一百五十五條由普通法院科以妨害秩序罪，而不得依懲治叛亂條例交軍法審判。

三

有人或者要問言論文字是否能構成顛覆政府的罪名。例如有一並無匪諜關係的某甲，以言論或文字譭謗政府或公務員，說他們貪污無能，或指摘某些政策，說如不加以修正，必致禍國殃民。這樣的行為可認為意圖以非法的方法顛覆政府而著手實行或預備實行或陰謀實行麼？請就下文試找答案：

第一應當查明他是否具有顛覆政府的意圖。假使他的目的只在批評或譭謗政府或人員以洩憤，檢討或反對某些政策以期改進，他就不應被認為有顛覆的目的，因而根本談不到構成本罪。

第二應當查明他是否意圖以非法的方法顛覆政府。假使他用的是合法的方法，例如依照刑法

第三百十一條免責的規定，「對於可受公評之事而爲適當之評論」，則雖具有顚覆政府的目的或意圖，他也不負什麼刑責。

第三應當查明他的言論文字是否能夠顚覆政府。我很懷疑言論文字會有這麼大的力量。我很懷疑政府是這樣的脆弱。假使一篇文章辱罵了政府，則他或可因譭謗政府而成立妨害公務罪或妨害名譽信用罪，可是不能成立顚覆政府罪。若說一篇文章可以成立顚覆政府罪，則一篇文章也可周納成爲竊據國土罪（這個罪名同列在懲治叛亂條例第二條），可是言論文字怎樣能夠實施預備或陰謀竊據國土呢？美國最高法院多數判例主張必須具有「明顯而迫切的危險」，方得對言論文字科以刑責，這就是政治學教科書中著名的 Clear and present danger test，愼刑恤獄，固應如此。

反之，假使發表一篇反對政府人員或政策的文章，就應構成實施顚覆政府罪而處以死刑，則準備發表那樣一篇文章，就應成立預備顚覆政府罪，打算要寫那樣一篇文章，就應成立陰謀顚覆政府罪，而俱被處以十年以上的徒刑（懲治叛亂條例第二條第一項和第三項），立法的意思果眞是這樣的輕率和可笑麼！所以，如作深一層的看法，假使沒有眞正足以顚覆政府的行爲，我很懷疑言論文字竟能成爲顚覆政府罪的客體。

言論自由和新聞自由，雖在戰爭時仍受憲法的保護，然而自由不許濫用。國家安全和社會秩序，雖在戰時更須維護，然而職權不許濫用。上述國防部的見解，兼顧人權自由和國家安全，不獨在法律觀點上應該如此，而在政治觀點上尤有必要，値得讚美。

四

在本文的結論中，我覺得應該提出兩點願望：

一、以後保防機關取締言論文字問題時必須同時査明當事人的犯行和犯意，必須遵照國防部的釋示，査實當事人不獨具有叛亂的行爲，而且具有叛亂的意圖，然後方得加以拘捕。過去保防機關曾對匪諜嫌疑人先行逮捕，而後慢慢蒐集證據，因而造成寃獄。蔣總統爲愼刑恤獄，減少訟累，曾以明令飭知「不得以先行逮捕爲偵査之方法」。保防機關自應確遵毋違！

二、受理言論文字嫌疑的軍事檢察官和軍事法庭，尤當遵照國防部的命令證實被告的犯行後，尙應切實査明被告有無叛亂的犯意。如果不能證實被告確實具有叛亂的意圖，軍事檢察官就當依據軍事審判法第一百四十六條第一項第七款和第二項，予以不起訴處分，而將該案移送法院。軍事法庭尤應同時兼顧被告的利益，依照軍事審判法第一百七十七條第六款和第一百七十八條，將該案諭知不受理，而將其移送法院。

四十九年九月

江秀清叛亂案的啓示

江秀清被控附匪判刑案調查報告

卷查江××係旅港福建籍國大代表，五十五年二月間來臺參加第一屆第四次國民大會，同年三月二十五日會議閉幕後，由臺灣警備總司令部保安處以其涉嫌在港附匪，將其拘捕，解由該部軍事檢察官報經國防部第八六五號令授權該部偵審，由軍事檢察官偵查起訴，經該部高等審判庭審理，於同年十月一日判決。其理由略爲「被告江××對於民國三十六年夏以福州華僑協會理事長名義赴新加坡等地慰問華僑，途經香港，往晤僞中國國民黨革命委員會主席李逆濟琛，當經李逆吸收參加僞民革之事實，業據本部偵審各庭自白不諱，對於擔任福州市僞民革市委部分，業據於本部偵查中坦承在卷。該與本部保安處調查情節相符，並有其親撰之自白書附卷可稽，事證至臻明確」。

「審理中雖該被告及其辯護意旨辯稱：『一、……其自白犯罪係出於脅誘等不正方法不能採爲論罪之依據，二、在偵查中，雖亦承認犯罪，係因年老體衰，胡亂供陳，筆錄未經閱讀所致。三、在保安處僅承認口頭敷衍李逆邀約參加僞民革，既未踐行塡表宣誓手續。不能視爲參加。

四、僑居香港後，擁護政府反共國策，協助僑生返國升學，並提供匪情資料，已經證人陳祖康等證明在卷，俾見忠貞愛國，雖有參加僞民革組織，亦足證明其已脫離該組織』云云。

第卷查一、本案因案情關係組成專案小組，負責偵訊，其在保安處協助偵查期間，生活受優待，訊問態度客氣，均經專案會議紀錄有案，空言脅誘，殊難置信。二、被告拘押期間，因情緒不安，曾先後企圖撞牆或以藥物自戕，經同房押犯卽時勸阻未果，爲軍法處看守所查覺，呈報軍法處等情，雖屬事實，此項出於被告本人因畏罪消極企圖自裁之行爲，焉能據爲被告在保安處受脅迫之證據。三、軍事檢察官偵訊被告時所製作之訊問筆錄，均經被告閱讀，被告並於該筆錄每頁親筆簽名，有原筆錄可稽，謂軍事檢察官訊問筆錄未經閱讀，亦屬空言狡辯。四、按參加叛亂組織行爲，不以具有形式爲要件，被告於三十六年夏在香港訪晤李逆濟琛時，李逆邀其參加僞民革，彼旣口頭答應參加，卽已表示參加之意思，雖未塡表宣誓，並不影響其犯罪之成立。五、三十八年被告在香港定居後，雖有擁護政府反共政策，協助僑生返國升學，向過往人士提供匪情資料，但未據聲明脫離僞民革組織，亦未據向政府自首表白登記，依大法官會議釋字第六十八號解釋，其參加行爲應認爲仍在繼續中。綜上所述，被告所持辯解，均不足採。

按僞中國國民黨革命委員會係附匪黨派，爲叛亂組織，凡參加該組織者應辦理自首，早經政府於四十年九月二十一日明令公布有案。被告參加僞民革組織，雖在三十八年六月二十日懲治叛亂條例公布施行以前，但迄獲案時止，旣未據向政府自首，又無其他事實足以證明其已脫離該叛亂組織，應依參加叛亂之組織罪論究。但念被告參加僞民革，誤入歧途，獲案後能坦承犯罪，且十餘年來尚乏叛亂活動之事證，並有悔悟之具體事實表現，衡情可憫，爰酌減其刑（處有期徒刑五年），並褫奪公權（見(55)警審初特字第一六號判決書）。

按以上判決理由，係以江××於三十六年曾向僞民革表示參加之意思而被認爲參加叛亂組織，予以依法論罪科刑。但在本案調查時，該江××已奉總統明令特赦，足徵政府對於此類案件之處理是否適當，實有檢討之必要。茲特提出下列意見：

一、大法官會議釋字第六十八號解釋，係以凡參加叛亂組織者，在未經自首或有其他事實證明其確已脫離以前，應認爲係繼續參加云云。但何謂叛亂組織，懲治叛亂條例，並無具體規定，而國防部四十七年八月十四日心昌字第〇七九號令，曾以「凡參加朱毛匪幫所屬部門工作，如軍隊、軍事機關、行政機關、事業機構等，均應以參加叛亂組織論。如未自首或聲明脫離，不能因其已離去僞職，遽謂其參加叛亂組織行爲失去其繼續性」。此後各軍法機關卽據以認爲凡匪區之村里公所、小學校、兒童團、公司、商店、農工團體等均爲叛亂組織。更不問其事實係發生在十餘年或二三十年以前，皆認爲仍在繼續狀態中，一律按叛亂治罪。

查共匪集會組織最多，如青年救國會、婦女救國會、老年救國會、兒童團、少年先鋒隊等，幾網羅所有男女老幼。又對於人民之職業類別，則凡農工商人等，均有其本業之救國會。故在匪區之人，幾無一不在匪幫網羅之列。如照此解釋，則先後自大陸來臺義民，幾無一不有叛亂罪嫌。但一般人民本身，則均以爲此種被迫參加之外圍團體，實不能構成犯罪，認爲一旦逃離匪區，投奔我政府，卽以行動作有力之表白，又何須再辦自首！故先後自匪區來臺之義胞，其曾自首者，究有幾人？蓋所謂「叛亂組織」，應指具有叛亂作用之匪黨組織及有匪黨組織關係之潛伏匪諜而言，絕非泛指曾任匪區小學教員、救國會會員或兒童團團員等，既無叛亂意圖，又無叛亂行爲之被迫參加之來臺人民而言，故國防部前項釋示，實有澄淸之必要。

二、總統近年以來，屢次宣示凡參加匪僞政黨組織分子，除萬惡元兇外，凡願爲反共革命效力者，概本脅從罔治，與既往不咎之寬大精神，一律赦免，並保障其生命及財產之安全。但因有前項國防部之釋示，各軍法機關多不能體會總統既往不咎之意旨，一有告密檢舉，卽分別論罪科刑，以致先後自匪區來臺義民，幾無日不有被挾嫌誣陷敲詐勒索之虞。頃據人民書狀籲請政府及早明白宣示：凡上述來自匪區之人民，如無觸犯懲治叛亂條例或違反戡亂時期檢肅匪諜條例之行爲，應一律認爲已脫離前項所謂匪幫組織，不得以繼續狀態論罪，既可安定來臺人民之心理，且際此反攻前夕，更可藉以號召來歸。此項建議是否可行，擬請由院函洽行政院研辦。

又在本案調查中，另據郭瑞芳呈訴其夫牟紹恆與其姪牟奇玉被人誣陷於十二歲時在匪區參加兒童團之罪名被判重刑。又訾靳馥呈訴其兄訾鐵漢因被誣民革份子致遭拘押訊問等情，擬請另案調查處理。

監察委員　丁俊生　劉永濟　陶百川

主管機關對審理叛亂案件的意見

一、江秀清之被科刑及特赦：僞國民黨革命委員會係李逆濟琛等所組之叛亂組織，與朱毛匪黨合流，從事叛國活動，江秀清參加該會而未自首，軍法機關以其參加叛亂組織論罪科刑。嗣奉總統明令對其特赦。均爲合法之處置。

二、叛亂組織範圍問題：何謂叛亂組織，在懲治叛亂條例中固無具體規定，惟該項組織必係以實施叛亂爲目的，則爲當然之理。根據行政院迭次所公布之叛亂組織，有朱毛匪黨及其外圍組織尾巴黨派，僞孫文主義革命同盟、僞臺灣民主自治同盟、僞民主同盟、僞中國國民黨革命委員會、僞三民主義同志聯合會、僞民主建國會、僞民主促進會、僞救國會、僞民社黨革新派、僞政公黨、僞農工民主黨、戰前之僞反帝大同盟、抗戰初期之僞民族解放先鋒隊等以及匪僞軍政組織工農社會團體均屬之，卽中國人民參加外國共黨組織，因共黨無國界之分，亦爲參加叛亂組織。（行政院臺四二法字第六六八二號代電）。國防部（四七）心昌字第〇七九號令所稱：「凡參加朱毛匪幫所屬部門工作，如軍隊、軍事機關、行政機關、事業機構等，均應以參加叛亂組織論……」。其中軍隊、軍事機關，其以叛亂爲目的，不問可知，至行政機關與事業機關等，雖未明言以叛亂爲目的，但在理論上應解爲：「以叛亂爲目的之行政機關事業機構等」。再參加叛亂組織之人，必係具有從事叛亂活動之故意，始足構成參加叛亂組織罪。如爲維持生活，而入匪工廠做工或事業機構爲職工，既無叛亂意思，自不構成參加叛亂組織罪。又如「人民公社」雖爲匪僞之勞武合一行政組織，但係匪幫所控制之集中營，人民參加爲社員，係被迫之不得已行爲，亦不換成參加叛亂組織罪。國防部（四七）心昌字第○七九號令爲一原則性的概括解釋，固應視特定案件之具體情形，而適切運用。監察院提示之意見，認爲匪黨組織及有匪黨組織關係之潛伏匪諜，始爲叛亂組織，未免失之過狹。是凡以顚覆政府爲目的之叛亂分子，皆屬叛徒，其組織卽爲叛亂組織，非僅朱毛匪黨而已。

三、參加叛亂組織之繼續性問題：大法官會議釋字第六八號解釋認：「在未經自首或有其他事實證明其確已脫離以前，應認爲係繼續參加」。國防部（四七）心昌字第○七九號令認「未自首或聲明脫離」仍有其繼續性。按聲明脫離，卽爲脫離之事實證明，兩者解釋之意旨相同。「自首」必須符合法定要件，但聲明脫離，則輕而易舉，義民投奔自由後，公開聲明脫離其原參加之匪僞組織，按上述釋示，卽認爲已脫離叛亂組織，而非繼續參加。

四、大陸來臺部分義民是否構成叛亂問題：大陸來臺義民中，有在匪區未參加匪僞任何組織者，固無論矣，至其中曾參加匪僞組織，依法自首，並經過法定程序處分不起訴者，其脫離前之參加行爲責任始可免除。如僅聲明脫離匪僞組織者，依大法官會議釋字第六八號解釋及國防部（四七）心昌字第○七九號固可認爲自聲明脫離之日起，已無參加叛亂之繼續性，惟須完成法定程序不起訴處分後，始能解免其責任。

參加共黨兒童團的叛亂責任

在百川等調查刑事五案時，另據郭瑞芳向百川呈訴其夫牟紹恒與其姪牟奇玉被人誣陷於十二歲時在匪區參加兒童團之罪名被判重刑，以及訾靳馥呈院訴稱其兒訾鐵漢因被誣民革份子致遭拘押訊問等情。其中牟案甚堪重視，經請本院另派委員專案調查，後經黃委員寶實調查結果，由本院函請司法院大法官會議解釋，惟迄未辦覆。玆將申請文附後。

一、查國防部（所屬各軍法機關）近年來審理被控參加匪僞兒童團案件，每不問被告犯罪時年齡如何，均引用司法院大法官會議議決釋字第六十八號解釋，認其行爲仍在繼續狀態中，各依觸犯參加叛亂組織罪處刑。如山東棲霞縣人牟紹恒、牟奇玉，參加匪僞兒童團時，據原判認定之事實，均年僅十三歲，國防部（所屬）審判機構，即係以叛亂罪論處，經本院調查認爲刑法第十八條第一項規定未滿十四歲人之行爲不罰，既係不罰之行爲，當然不負刑事責任。又依刑事訴訟法第二百五十二條第八款規定，行爲不罰者，應爲不起訴之處分。是牟紹恒、牟奇玉參加匪僞兒童團縱屬事實，依法自應予以不起訴處分。乃臺灣警備總司令部軍事檢察官既對之提起公訴，而原判竟依司法院大法官會議釋字第六十八號解釋，認其行爲仍在繼續狀態中，依參加叛亂組織論罪，各處有期徒刑五年。查前項解釋，係指應負刑事責任之犯罪行爲仍在繼續狀態而言，若行爲之當時，卽爲不負刑事責任之不罰行爲，自無犯罪仍在繼續狀態中可言，其適用此項解釋以爲論罪依據，實有未合。

二、經本院司法委員會提案糾正，並准行政院五十七年法字第七〇三八號函覆，以刑法第十八條第一項未滿十四歲人之行爲不罰，係以未滿十四歲人無責任能力，足以阻卻違法，故對其違法行爲不予處罰，似非其行爲根本無違法性之存在，如其違法行爲繼續至滿十四歲以後，則其滿十四歲後之繼續行爲，自應負刑事責任。該牟紹恒、牟奇玉參加匪僞兒童團時，雖均年未滿十四歲，依刑法規定其行爲固屬不罰，但其來臺後，年均早逾十四歲，未遵法令向政府自首登記，亦無其他事實證明其已脫離叛亂組織，依上開大法官會議解釋，凡曾參加叛亂組織者，在未自首或有其他事實證明其確已脫離組織以前，自應認爲係繼續參加，是其繼續參加，至滿十四歲之後，就法律言，自應負刑事責任，等由到院。

三、查不負刑事責任之未滿十四歲兒童，在行爲當時旣屬不予處罰，自不能於二三十年後，仍可認爲其違法行爲仍在繼續狀態中。且據原判認定之事實，「來臺後未再發現有爲匪活動情事」，依刑事訴訟法第一百五十四條規定，犯罪事實應依證據認定之，無證據不得推定犯罪事實。牟紹恒等旣無爲匪活動之證據，自不能推定其叛亂行爲仍在繼續狀態中。犯罪係以行爲爲成立要件，若無犯罪之行爲，卽不能論罪處罰。若未滿十四歲之兒童，被迫參加匪僞兒童組織，如一律以叛亂論罪科刑，則匪亂敉平，政府行使政權之日，大陸二三十歲之青年，行將無一噍類矣。今試問生活在匪控制下之兒童，有一人有選擇之自由，可拒絕不入兒童團乎？又何得於法所不罰之行爲，而遽行科刑乎！殊非總統號召起義來歸及政府愛護青年愼重刑罰之道。究竟前項大法官會議之解釋，可否適用於當時不負刑事責任之兒童，以至其長大成人以及老耄時，如不能證明其仍有爲匪活動事實，是否仍可認爲其違法行爲仍在繼續狀態中。本院與行政院之見解，顯有歧異，爰依司法院大法官會議法第七條規定聲請統一解釋。

政治犯的軍法緩訴和司法終審

——在中國人權協會座談會發言

第一，我想就M先生報告第五頁的最後一行，提出兩點補充。報告裏面說：「印度一九七一年的國內安全維護法規定，政府得拘禁被認爲危害國家的任何人，印度政府在一九七五年以行政命令拘禁了許多人，並限制人民的自由」。這一點很對，但我記得它這裏面規定是以一年爲限。這是說，政府有權拘禁政治犯，拘禁可以不先經審判，但只可以關一年，而且隨時可以釋放。這是第一點。

還有第二點，這個法律最近已經修正，這是甘地夫人重掌政權後所修正的，規定被拘禁的人在一年之內可以向最高法院申請審判以資救濟。

這個不經過法院審判而可拘禁政治犯或叛亂犯的法律，頗有研究價值。請以印度爲例。我記得在一九七五年，甘地夫人執政，她兒子的選舉舞弊激起全國的反對，結果甘地夫人一下逮捕了五千多人，有人說是兩萬多人。甘地夫人雖有這個權，但是未免太濫用了，以致再辦選舉時，甘地夫人就垮了。後來她再來執政，也許有鑒於那個法律雖然有彈性，但還是太僵化了，所以她加了一個但書：准許被拘禁的人向最高法院申請審判。

韓國的軍事法庭也有權審判政治犯，菲律賓也由軍事法庭審判政治犯，但是這兩國軍事法庭的判法都准被判決有罪的人向最高法院上訴。所以菲律賓的阿奎諾，馬可仕的大政敵，經軍事法庭判他死刑，他依據憲法向最高法院上訴，最高法院把他減免了，而且准許他到美醫病，現在他在哈佛大學做研究。對付政治犯最好能保持一點彈性，韓國和菲律賓都因此而消除戾氣，恢復祥和。

我今天出來前一個鐘頭，看到今天的臺灣時報登載杭立武先生同吳三連先生最近到警備司令部的看守所以及仁愛教育實驗所去看了四個人：高俊明、林弘宣、吳文和林文珍，看看他們四人所受的待遇，結果認爲還不錯。杭先生和吳先生從前也去看過美麗島案其餘的人。我覺得這是人權協會應該做的事，特別是對於政治犯。從最近一篇文章，我知道新加坡的政治犯每天有九小時的戶外活動，而我們的政治犯只有兩小時。新加坡政治犯活動的場所有體育、健身等設備，牢房內有六吋厚的海棉床墊，也有音樂播放，每個房間有三坪大小，他們每天可以向圖書館借六本書，每星期可以和親友會面半小時，吃飯由監牢裏的廚房供給，菜單由營養專家規定，囚犯也可以接受親友送來的食物。我覺得這些都是很高明的辦法。

此外，我也想對Y教授的報告稍加補充。在我十一月初由美國回臺之前，正好雷根總統把主管人權的助理國務卿艾布蘭向參議院提名。回憶今年春天，雷根曾提李費佛爲人權局局長。那位李先生認爲反共可以不重視人權，這是對卡特政府人權外交政策的反動。但是他在參議院外交委員會的聽證時被拒絕了。雷根就把他撤回。那時大家以爲雷根對人權不會有興趣了，在國務院主管人權的本來是個局（Bureau），雷根也想把它撤除了，而把人權的業務交給其他官員兼管一下。但是他這次終於提名艾布蘭去擔任人權局的局長。這個新人今年三十三歲，哈佛大學法學院畢業，在參加國務院之前是自由派參議員賈克遜和莫乃翰二人的法律助理。這些背景都很可注意。

方才Y先生又提到，美國對共產國家的蹂躪人權沒有辦法，其實它還是有點辦法的。Y先生也提到一九七四年蘇聯要求美國給予最惠國待遇和經濟援助。參議院就要它先尊重人權作爲援助的先決條件。那一年蘇聯果然准許三萬幾千人移民出來，而在這之前每年不過幾千人而已。

提名艾布蘭的時候，美國國務院還有一個備忘錄指出，個人自由和政治權利乃是美國外交政策的關鍵。有人問它的發言人，那和卡特的人權政策不是一樣麼？他答覆，以後不問友好或敵對國家違反人權時，美國將同樣的關切和反對。不過在公開聲明比較有效時候，就用公開聲明，在秘密外交比較有效時，就用秘密外交。

例如，在沙卡洛夫絕食期間，美國曾幾次想辦法要蘇聯妥善解決那個問題。方才Y先生最後一句話，我不很記得清楚，大概是說，美國基於反共的立場，以後不致過分干涉友好國家的人權做法。但我敢說，我國仍應好好的尊重人權，這不僅是爲人權，也是爲外交。

這個月的十二月五日，雷根宣佈，十二月十日爲美國人權日，以紀念一九四八年十二月十日通過的「聯合國人權宣言」。雷根說：「侵犯基本人權，不管是在任何時間，任何地點，不管是在富有的國家或貧窮的國家，絕對不能有遁辭」。雷根也宣佈十二月十五日是人權法案的紀念日，那是紀念美國人權法案，就是美國憲法第一次修正案專條保障人權通過的一天，時在一七九一年十二月十五日。雷根總統聲明說：「我們很明白這些文件中宣佈的個人權利，在很多國家尚未受到尊重」。這也可見雷根政府的人權政策還是很進步和很明顯，對國際還是會有相當影響力量的。謝謝各位。

軍法機關的偵查權限

警備總部有無偵查一般刑案的職權？

五十二年四月二十七日，臺北地方法院檢察處王×檢察官的夫人向立法院請願，向監察院控訴：王×遭受刑訊取供而成傷，掀起了一陣高潮，大家都很激憤。監察院派衡委員權和我二人調查處理。我們以八天時間調查完畢。我有一篇調查日記，約一萬字，將來可以印在我的「叮嚀五書」的第三書《吏治百態》中。現在將我主稿的調查報告先行印出。全文如下：

一

在假出口退稅案陸續破獲後，百川認爲該案尚有三點應加注意：1在全部出口退稅中，是否尚有類似之舞弊情事未經注意？應否加以普查或抽查？技術上有無困難？2除獲案嫌疑人員外，是否尚有他人或其他機關涉嫌通謀？其監督人員是否失職？3有關棧埠管理及海關檢查辦法有無疏漏？應如何檢討改善？因於三月二十二日建議本院派員調查，本院卽派百川與權會同辦理。

三月二十六日本院于委員鎮洲告知百川：有人因退稅案涉嫌受賄被捕，案情重大，內容複雜，囑爲注意。旋由本院通知：一併調查。四月一日往訪警務處張處長等，知有朱××、王×及王×等涉嫌在內。

四月二十七日，王×之妻仝道媛向本院請願，聲稱：「昨日目睹王×於押回看守所門前不能行動，顯係受刑成傷，悲痛欲絕，爰敢不顧孕體可能發生之危險，敬詣鈞院緊急呼籲，務懇監察委員賜卽前往臺北看守所勘查王×是否在押，身體有無受傷，依法嚴追責任」。百川與權卽往訪臺北地檢處楊首席鳴鐸，請其注意五十年一月二十八日監察院監臺院機字第二〇五號糾正案及行政院五十年三月五十法一〇七四號函，凡「於法院偵查或審判時，經人犯陳述有刑求情事者，承辦檢察官或推事，應卽切實查明訴追或移送偵辦，其置之不理或延遲不辦者，應卽分別以瀆職或失職論罪懲處」。楊首席允派檢察官處理。百川與權當時固認爲並無直接調查之必要。

二十八日報載立法委員因王妻之請願，對司法行政部鄭部長紛紛質詢，臺北地檢處檢察官二十餘人請求司法行政部查明嚴辦，陳檢察官及蕭法醫等且於清晨一時趕至臺北看守所，爲王×驗傷。百川與權鑒於各方如此重視，深恐王×傷勢嚴重，變生不測，認爲有親臨看守所查驗之必要，因於是日上午八時在看守所提詢王×。並於此後六日內先後訪晤有關首長並查詢有關人員。玆將調查所得提出報告。

據本案當事人王×，於四月二十八日向百川與權提出呈施檢察官轉楊、夏兩首席及鄭部長書面報告副本中稱：「四月二十二日……詎施檢察官及書記官走後，該部保安處人員四人，前來訊問，未久卽將被告拳打足踢，連打耳光」。

同月三十日報載警備總部發言人談話稱：「本部李中校於二十三日將奉命查證王×等四人行賄聚會處所情形向王×查問，王×不但對所問不答，且老羞成怒，破口大罵，站起來說：『我同你們拼了』，並乘李中校不備之際，突施襲擊，一連四拳，李員七百度之近視眼鏡亦被打落，前額唇部鼻部均出血紅腫，眼球結膜下出血，當場倒地，左肘關節擦傷。有四月二十四日省立臺北醫院之書面證明，並經高檢處施檢察官親自驗明屬實。王×體格魁梧，孔武有力，而李中校瘦小體弱，無力自衞，經警衞人員三人陸續到場，始行制止；當依羈押法第三十八條，準用監獄行刑法第二十二條之規定，對王×加銬，不意竟被當場掙斷，不得已再以捕繩腳鐐將其制服。在警衞人員制服時，王×希圖自行造傷，以爲栽誣之張本，而達其推卸刑責吞沒贓款之目的，乃故意猛力掙扎抗拒，亂踼亂撞，以致造成手腳等處之輕微擦傷，除由本部李中校於四月二十四日，向本案承辦檢察官提出口頭申告外，並經檢察官受理偵查在案」。

當日百川與權又往看守所對王×提示警總發言人談話，以便查證。玆錄問答如下：

問：昨日警總王中將發表談話，說你在四月二十三日於警總李中校查證時打他四拳，我們問過施檢察官，他說你曾對他談過此事，警總又有你們談話錄音，請將情形告訴我。

王×答：我看完全與事實不符，我有幾點理由：如果我確有此事，他們絕不會讓我回看守所，同時不會不給我製作筆錄。二十五日晚上施檢察官來訊問我及與同案被告對質時，亦未聞起有打他們的情形，請查二十五日施檢察官所主持訊問書記官所作之筆錄可以查證。直到發回看守所請求衞生課驗傷以後，並且我上報告給鄭部長，夏、楊兩首席、施檢察官說明受刑求逼供經過，始於二十七日晚間來問我，我對他說我在看守所他們這麼多人，我怎敢打人。至於意圖取供而施強暴脅迫之責任，我認為這個責任應由鄭部長、楊首席、夏首席來負責，因施檢察官與警總不過奉他們命令而已。況且上次監察院來問我的時候說警總否認偵辦此事，我曾拿出警總空白紙以證明確有其事，如果的確是我沒有理由，仍如他們所說我妨害他們公務的話，他們為何不早發表像今天這樣的聲明而先否認呢？這是很明顯的虛造事實來害我，他們所謂有錄音，請求委員查聽錄音，以明眞象。

問：他們有無拿手銬銬你？

答：二十二日晚上施檢察官走後，他們先問過，問不出所以然來，就拍桌子叫我站起來。當時訊問者有四人在場，另有衞兵猛打我耳光十餘下，三個人都打過我；再進來四個大漢拳打腳踢，並叫雙手舉竹竿，兩腿彎曲而站立，姿勢稍有偏差，一方用腳踢下趾，手打身體及耳光。過了一個時候就用手銬，腳用繩子綁起來，中間曾一度銬在手銬以後再加蔴繩，直到紫腫厲害，又把蔴繩鬆開，腳部以鐵鍊代蔴繩。

問：你有沒有把手銬掙斷過。

答：我的力氣不大，手銬是鐵做的，不會斷的，不可能掙斷。

問：以上這些事件發生在何日？

答：在當天二十二日晚上。

問：在這個過程中間你有沒有還手反抗？

答：有時候在打耳光時用手擋自己面孔。

問：在擋面孔的時候，他們有沒有說你打了他們？

答：他們說「你打人」，於是又打幾下耳光。

問：那一天何時結束訊問？

答：因爲我沒有帶手銬不知何時。

按王×所稱拳打腳踢及加銬釘鐐，與警總發言人所稱：王×打人及斷銬釘鐐是否一事，是否發生在同一晚間，此爲首當查究之問題。

據王×稱係發生在二十二日晚間，而非在二十三日晚間，果如其言，王鎮一到警總，當晚即遭虐待，自可視爲刑訊。但據警總辯稱：二十三日所釘之鐐直至二十五日上午方予解除。該鐐照王×所云釘在二十二日晚間，則二十三日王×與王×、莫×會晤時，王、莫當能看見王×之鐐，而王×亦必向其訴說被打之事。

警總報告中又稱：「二十三日下午七時，周副處長偕張組長又與王×閒談一次，勸其幫助警總順利完成查證工作，以免拖延時日，對其訴案不利。在其與王×、莫×對質時，說明警總不負責偵訊，但可使王、莫兩人與之見面，以有助於查證，並看相說笑，王×情緒頗爲平靜。九時前後，保安處劉處長至該處巡視，亦曾對王×慰問握手並說明有人爲其託情，但警總未接辦本案，僅是協助法院查證部份有關事項，旋卽告別，王×對劉處長起立致送，並表謝意」。

百川與權乃於五月四日上午至臺北看守所提詢王×，問答如下：

問：你在六張犁看守所時與王×見面過幾次？

答：二十二日夜一時半一次，二十五日晚上一次。

問：當時（亦卽二十三日晨）在場有那些人？

答：張組長、曹專員、李某。

問：談了多少時候？

答：大約二十分鐘。

問：莫組長有沒有在場？

答：沒有。

問：第二天（二十三、二十四）有沒有見面？

答：二十五日晚間。

問：二十二日晚一時半的時候到王×房間，你有沒有看見王×釘腳鐐？

答：他坐在那裏。

問：王有沒有對你說案情？

答：沒有。

問：是不是對質？

答：是。

問：當時王×的手有沒有綁起來？

答：沒有。

問：他有沒有與你說他被他們打了？

答：他在二十五日晚講的。

繼又提訊莫×，問答如下：

問：你到六張犁看守所之後與王×見過幾次面？

答：二次。

問：那一天見面的？

答：第一次是在二十三日晚上。

問：第二次是在什麼時候？

答：二十五日晚上。

問：第二次他告訴施檢察官說受刑求嗎？

答：有的。

問：二十三日王×有沒有告訴你他受刑求？

答：王×沒有說。

問：二十三日你有沒有看見王×帶腳鐐？

答：沒有。

問：有沒有看見他被繩子綁起來？

答：當時沒有。

據上調查，王×之被綁繩釘鐐，可知並非如王×所陳之在二十二日晚上。

二

關於王×之傷，據警總發言人稱：「係王×於二十三日『故意猛力掙扎抗拒，亂踢亂撞，以致造成手腳等處之輕微擦傷」。但據臺北地方法院檢察處病傷檢驗明載：王×之傷，共有六處：1.右上膊內側部有皮下出血三處，其寬度爲二・〇公分乘二・〇公分，一・五公分乘一五公分及一・〇公分乘一〇公分。2.右季肋部有二・〇公分乘二・四公分大之擦傷，該周圍部有七・〇公分乘一・〇公分之發紅一處。3.左手腕內側部有一・五公分長之條狀擦傷一處，及〇・四公分乘六・〇公分大之條狀發紅一條。4.左膝蓋部有十二・〇公分乘十二・〇公分大之皮下出血一處，左膝屈側部有七・〇公分乘九・〇公分大之皮下出血一處，以上兩處傷爲膝蓋部前後相對傷痕。

左大腿內側部有一·〇公分乘一·〇公分大之皮下出血一處。5.右膝蓋部一〇·〇公分乘一〇·〇公分大之皮下出血一處，右膝屈側部有二·〇公分乘二·〇公分及二·〇公分乘七·〇公分大之皮下出血各一處，計二處。以上三處傷亦爲膝蓋部前後相對傷痕。6.左右腳兩踝部及右左兩足背部均有紅腫並有發炎（有紅腫疼痛局部發炎），但局部看不出皮膚破爛情形，左右兩下腿部均有水腫，（距膝蓋骨上端十五公分處周圍左爲四十八·五公分，右爲四十九·〇公分，距膝蓋骨下端十五公分處周圍左爲三十五·〇公分，右爲三十五·五公分，左踝部周圍爲二十七·〇公分，右踝部周圍爲二十四·〇公分，左足腰部周圍二十四·〇公分，右足腰部周圍爲二十三·〇公分，並壓雙下腿脛骨部時其壓痕一時不復原，顯有水腫現象）」。其中左右兩膝蓋之傷，左爲十二公分乘十二公分，右爲十公分乘十公分，形狀完整，亂踢亂撞，自不能造成如此完整之傷害。且左右膝後屈側部之傷害，尤非亂踢亂撞所能自行製造。但王×所稱被竹板打傷，據法醫鑑定，亦不可能。

百川與權因而向警總看守所人員張清光、何仲強及鄒仲平等調查彼等三人如何爲王×加銬釘鐐。玆錄與看守所張清光之問答如下：

問：張戰士，你二十三日什麼時候在此地值班？

答：下午九至十二時。

問：二十二日九至十二時是什麼人值班？

答：也是我值班。
問：王×打人是二十二日還是二十三日？
答：是二十三日。
問：二十二日晚上九至十二時王×是否也在吵鬧？
答：有。
問：與什麼人吵鬧？如何吵鬧？
答：與問話的人大聲的談。
問：他們在談話的時候你有沒有進房間來？
答：沒有。
問：區隊長有沒有進房間來？
答：沒有進房來。
問：何班長有沒有進房間來？
答：沒有。
問：你下班的時候是不是還有人在問話？
答：我交班時沒有人在談話。
問：你記記看他打人是在第一天（二十二日）還是第二天（二十三日）？

答：是第二天。

問：沒有記錯嗎？

答：沒有。

問：二十三日晚上値班的時候你有沒有看見王×打人？

答：那天李中校進來時，就把門關起來，他一個人與王×談話，我就走開，後來聽見大聲吵鬧，我走進房來看見王×一拳將李中校打倒地下，這時姚少校也進來，叫我去叫人，我到門口叫，區隊長與何班長都來了，姚少校把李中校扶出去，我們三人就把他制服。

問：你們怎麼樣把他制服的？

答：我們用手銬把他銬起來，但他把手銬掙斷了，我們又用繩子把他綁起來，再釘腳鐐。

（註：當場表演）

問：手銬怎麼能掙斷？

答：是鍊圈焊口脫開了。

問：腳鐐是怎樣釘法？

答：他不肯讓我們釘鐐，亂跳亂蹦，我們兩人拉住他的左右手用腳踏他腿彎，他就跪到地上，再把他腳扳起來釘鐐。

問：這樣前後有多少時候？

答：大約十幾分鐘。

問：在那十幾分鐘，是不是始終按倒在地上？

答：是的。

問：他釘鐐之後情形怎麼樣？

答：他釘鐐之後就坐在沙發上。

問：這時你們有沒有打他？

答：沒有。

問：區隊長與何班長是什麼時間離開的？

答：釘鐐後我們都把桌凳搬出去，他們兩位也就走了。

又據看守所班長何仲強答稱如下：

問：何班長，釘鐐時你是不是在場？

答：在場。

問：釘鐐時候你做什麼？

答：我把鐐套在他的腳上把螺絲釘釘好。

問：用手拉住王×臂膀把他按在地上的是什麼人？

答：我與區隊長。

問：王×被按在地上有多少時間。

答：大約有十幾分鐘。

又據看守所區隊長鄒仲平答稱如下：

問：區隊長，請你把釘鐐情形說一說。

答：因爲他不肯讓我們上鐐，我們把他按在地上。

問：你們怎樣把他按下去的？

答：我們兩個人把他手臂抓住，用腳把他腿彎踏住，把他兩腳扳起釘鐐。

問：鐐在什麼時候解除？

答：在二十五日上午。

問：這幾天來你們有沒有給他水喝？

答：他要水喝，我們就給他喝。

問：是不是用水瓶或水壺供給他水？

答：是用塑膠杯給他喝水。

問：你們是不是在飯裏放了很多鹽？

答：沒有。我們吃什麼他吃什麼。

王×之左右膝蓋前後四處之傷，既非由於如警總發言人所稱亂踢亂撞，亦非由於如王×所稱之竹板打傷，則可能之解釋似爲釘鐐時所遭致之踢及跪傷。因王×受訊之房係水泥地，雖舖塑膠板，然仍十分堅硬。王×被按倒跪於其上，膝後屈側部又被人以腳踏住，且歷十餘分鐘之久，左右膝蓋前後自必成傷。

經以此項看法詢諸法醫蕭醫師及高檢驗員，彼等咸認爲可能。

三

然則警總人員何以須將王×釘鐐以致成傷？王×稱係刑訊，警總則謂係因王×打人故依法施用戒具，於是更須查明王×是否打人。

百川與權會詢警總發言人談話中所稱之李中校彬如並查驗其傷單，計前額及唇部皮下出血與輕度紅腫，又眼球結膜下出血。玆錄問答如下：

問：你四月二十二日七點鐘以後有沒有與王×談話？

答：沒有。

問：二十三日什麼時候與王×談話？

答：二十三日我與王×見過三次面，第一次是在我查證以後，大約下午五時左右。我曾與王×見面，曾查問他美而×是不是時常去，服務生有沒有熟悉人。

問：第一次你與王×談話時候有無其他人在場？

答：沒有。

問：那時你們兩人有沒有衝突？

答：沒有衝突，但是他的態度非常傲慢。

問：第二次見面在何時？

答：在當晚八時許，我看周副處長、張組長與他談話，我曾進去坐了數分鐘。

問：有沒有與他談話？

答：沒有。

問：第三次見面在什麼時候？

答：在當晚九時半左右。

問：第三次見面你問他些什麼話？

答：第一我查問二月十五日有沒有與莫×在美而廉見過面，你們有沒有去過亞士都（二月十六日），二月十八日晚同莫×、王×到過南京大酒店等問題。

問：回答態度如何？

答：根本沒有回答。

問：這時你是不是就打了他逼供？

答：我沒有打他，又沒有問他口供，我只要他提出反證以供查證，他也不屑答覆。

問：你有沒有罵他？

答：我沒有罵他。

問：你們書面聲明說他打你，是不是在那個時候？

答：是的。

問：他爲什麼打你，似乎不合情理？

答：當初與他談話的時候要他提出反證，以便查證，他沒有答覆，並且說警備總部憑什麼來問我，我不是匪諜又不是軍人，你們管不著，你們能把我留這裏一輩子嗎？將來出去就要告鄭部長與夏楊兩首席。當時他的態度非常蠻橫。我告訴他你這樣好像沒有教養的態度，怎樣對得起你父母。他就站起來說：「我與你們拼了」，就用拳打我眼鏡部分。

問：你有沒有還打？

答：沒有還打，當時第一拳卽將我眼鏡打掉，我卽上前想捉住他的手，因爲沒有眼鏡看不清楚，同時他的氣力很大，他連續又打了我三拳，打到第四拳時候，我就倒在地上。這時，姚少校同看守進來捉住他的手，旋卽陸續又進來二人，把王×制止時，姚少校扶我回寢室。

問：以後你有沒有與他再見面。

答：沒有。

問：後來進來兩個人是誰？

答：一個是負責六張犁警衛鄒區隊長及一看守戰士。

問：你有沒有看見他們打王鎮？

答：沒有。

此事在警總發言人談話發表前一日（卽四月二十九日），因晚報曾有透露，是日下午六時，百川與權適與施檢察官談話，遂據以相詢。施答：「四月二十四日警總李中校曾面陳二十三日晚在六張犁看守所被王×毆擊實情，製有答錄。二十五日於訊問王琪、王×、莫×、朱××兩百萬元賄款案時，王×亦曾面述二十三日晚被警總人員侮辱及還手實情」。施並謂警總有錄音。

次日經往警總索聽錄音，王×在錄音中謂：「從二十二日開始到現在，不吃水、不睡覺、站了起，腳鐐手銬都用過了，四天的工夫是好受的呀！看看我的傷痕，要不要參觀、參觀。我被打了怎麼傷，沒有去看一眼。不個（過）這個傷，我要決定一下，這個傷，我自己也不對的，我也心裏有數。伊侮辱我，他問的時候，他打我耳光，拍拍兩下，踢我。士可殺、不可辱，他後來這樣整我，這個我也承認，我自己也錯的。他再三次，他打我耳光，侮辱我，那三次說了話，侮辱我，那三次說了話，侮辱我，還罵父母，侮辱我卻可以，難道受父母害的，我還手了，準備犧牲的。」

後經王×、莫×、朱××查詢，彼等皆謂二十五日對質時，曾聞王×向施檢察官作上項陳述。

根據上述證據及證言，王×打人應可認定；但究竟王×先打李彬如，抑如其所稱在被李打耳光後還手，一時無法查證。李已提起告訴，應由法院詳查認定。

四

查被羈押者，如有暴行或其他擾亂秩序行爲之虞時，看守人員得施用腳鐐等戒具，此爲監獄行刑法第二十二條所明定。但其執行如果超過必要之程度，或其施用如果造成傷害，則行爲人仍應負責。唯此項行爲，自不能視爲刑求。

本案王×被釘鐐前已被制服，如認爲尙須釘鐐，則因其兩臂已用蔴繩反綁，喪失抗拒能力，自可命其坐在椅上爲其釘鐐；乃竟以腳踢其膝彎，強其跪倒於地，又復抬起頭胸，扳起雙腳，以足踏在其膝蓋後彎，身體遂成弓形，全身重量，落在左膝蓋之上，達十餘分鐘之久，從而造成左右膝蓋前後之傷害。在場實施之人，應負凌虐及傷害之責。

王×所受其餘傷害，包括右上膊內側部皮下出血三處，右季肋部擦傷一處，左手腕內側擦傷一處及發紅一處，以及左右腳踝之紅腫，是否係被制服所造成，抑係刑求之結果，王×謂係二十二日晚間加銬釘鐐前後所造成，但二十二日晚間旣經上文證實並未加銬釘鐐，則該項傷害自應認爲係在二十三日晚間加銬釘鐐時所造成。雖有刑責，然非刑求。

至於王×所陳「從二十二日開始到現在，不吃水、不睡覺、站了起」。據警總答稱：「本部對王×茶水供應無缺」。看守所人員曾對百川與權稱：該所特購塑膠杯以供王×飲水之用。警總又謂：「法院檢察官之偵訊及本部對王×之查問，從未在其睡眠或休息時間內爲之，除非王×因心情沉重或換新環境後有『認生』之習慣，以致不能安眠，此外無其他妨害其睡眠之原因」。又謂：「王×所在房間內有籐椅四張，實無不坐之理」。百川與權爲此曾往法院看守所詢提王×、莫×及朱××三人，據答彼等在警總時皆准吃水及睡覺。復查王×自二十三日晚間十時左右手被捆綁，足釘鐵鐐，直至二十五日上午方始解除，在此期間，警總看守人員照顧之不週，以及王×生活之不正常，當可想像，無怪王×指爲刑求。

五

兹再論王×被移送警總協助偵查之責任問題。

查王×係於三月三十日向臺北地方法院檢察處投案，卽被羈押。四月十八日，警務處致高檢處函內稱：「查本處此次偵辦不法商人假出口眞退稅乙案，本處刑警大隊組長莫×涉嫌瀆職。前經函請惠允提訊，並蒙兪允，無任感荷。兹爲偵查其涉嫌詳情，以期發現眞實，對貴處在押被告王×、王×兩名，實有同時借訊質證之必要。除莫×乙名，仍請續准借訊五日（自四月二十一日至四月二十五日）外，貴處在押被告王琪、王×兩名，至請惠准借訊」。經主辦檢察官擬辦：「擬先准借提王琪一名，俟訊明後再准借訊王×，莫×延押照准」。當經×首席批：「如擬」。此爲四月十八日之事。至四月二十二日，主辦檢察官又簽：「確有對質之必要，擬准借訊王×」。亦經×首席批：「可」。

至警備總部之發與偵查，卷查乃出於高檢處之函請。四月二日高檢處函開：「1.查本處受理臺北地方法院檢察官王×等瀆職一案，案情重大複雜，應請貴部協助偵查。2.特依調度司法警察條例第六條規定，函請查辦，惠予協助爲荷」。

百川與權認爲有三點須加論究，經向夏首席詢問

一、法院檢察官自辦之案件，中途將被告送請司法警察機關協助偵查或准其借訊，法律上有何依據？過去成例如何？

據夏首席答：「本案案情重大複雜，被告中涉及調查局、警務處、臺北地檢處三機關人員，爲期公平周密及便於追查鉅額贓款，本處又限於人力物力（檢察官平日辦案負荷過量，辦案經費支絀，科學偵查設備闕如），實有商請警總協助偵查之必要，爰依調度司法警察條例第六條規定辦理。檢察官與司法警察機關執行職務聯繫辦法第七條，亦有檢察官得委託司法警察機關繼續偵查之規定。例如：臺南高分院推事高嵩、臺南地院檢察官巴天鐸、高雄地院檢察官蔡戶瀆職等案，均經商請警總或調查局等治安機關協助辦理」。

二、警備總部是否亦有協助偵查犯罪之職權？

×首席答：「王×等瀆職一案，是依調度司法警察條例第六條之規定，商請臺灣省警備總部

協助辦理，並非送交警總偵辦。再依司法院三十三年二七八八號解釋，警總亦係司法警察官署，則警總對於本案協助，係居於司法警察官之地位，並非以軍法機關之身份偵辦，更不涉及軍法審判問題」。

三、縱使警總亦有協助偵查犯罪之職權，但王×等經高院檢察官直接偵查已達二十餘日，突然送交警總協助偵查，有何必要？

×首席答：「本案發生後，朱逸民於獲案之初，卽經刑警大隊將人犯覊押於六張犁看守所，由假退稅案專案小組負責偵查。初僅發覺與王琪有關，臺北地檢處據報後卽將王琪覊押。嗣據朱逸民陸續供承，又發現涉及王鎭、莫×。本處據報，以案情重大，並涉及司法風紀，爲愼重計，卽先行派檢察官施漾澤負責調查，繼將王鎭、莫×先後覊押。不意施員因疲勞過度，身染重病，住入省立臺北醫院治療，不得已改派檢察官林玉秋暫時接辦。林員重新研究案情頗費時日，在此期間，調查局、警務處先後函請本處，將王×、莫×分別交其自行調查。王×先行供認，根據王×及朱逸民之口供，又向莫×追查，莫×始俯首承認。綜合朱××、王×、莫×三人之供述，發現鉅額贓款在王×手中，此爲二十餘日之調查經過情形。至四月十五日施漾澤病稍好轉出院，繼續辦理本案，對於賄款之去路須加追查，將於朱××、王×、莫×三人之供述，認爲須與王鎭對質，以期毋枉毋縱。朱××、王×、莫×，又係均在六張犁看守所覊押中。基於上開事實之需要，故將王×帶往對質查證及追贓」。

茲就上列三點，提出百川與權之見解如下：

一、查臺灣省檢察官與司法警察機關辦理刑事案件聯繫實施要點第二點規定：「檢察官接受前項被告及案卷後，應即訊問，經訊問後，如確有羈押帶同被告續行偵查之必要，得簽發押票，交送案之司法警察人員辦理。司法警察人員得斟酌情形，將被告送由法院看守所或司法警察機關拘留所羈押之」。第三點規定：「前項帶同被告偵查之期間，不得逾五日」。又第六點規定：「司法警察機關偵查重大刑事案件，得報請檢察官至該機關直接指揮偵查」。依此規定，檢察官自可將被告發交司法警察機關協助偵查。

但此項規定，牴觸憲法所定：司法警察機關羈押被告不得超過二十四小時，及羈押法所定：被告應於法院看守所羈押之。本院曾加糾正，行政院雖云加以改善，迄未實現。

二、關於高檢處可否請警備總司令部協助羈查犯罪，高檢處稱：係根據調度司法警察條例第六條（條文如下：「檢察官、推事辦理刑事案件，於必要時，得商請所在地保安機關、警備機關協助」），但有權協助推檢執行偵查職務之司法警察官，該條例第二條、第三條詳爲列舉，保安機關及警備機關皆不在內。是其第六條所稱得商請保安警備機關協助云云，自係指偵查以外之協助。關於此點，百川與權之見解，與臺北市律師公會最近所發表者相同，即「以遇有急迫情形或必要爲限。例如被告係軍官家屬，於拘提時恐軍官率衆抗拒，或有聚衆圍困，阻擾搜索訊問，必須軍隊鎭壓疏解等情形，否則卽不應率爾求助。又其協助範圍，似不包括被告之訊問或羈押」。

但事實上，臺灣省保安機關或警備機關，一向行使司法警察官之職權。司法院三十三年院字第二七八八號解釋亦謂：「省區保安司令部及各地衞戍或警備司令部之職掌，均與特種刑事案件訴訟條例第三條之司法警察官署相當」。前年臺北公車處瀆職案及公路局瀆職案，皆由臺灣省警備總部偵破，移送法院起訴。故高檢處此次函請警總協助，其法律根據雖甚脆弱，然非無例可援。

三、本院向來見解：軍法審判應以軍人犯罪及叛亂匪諜案件爲限。在行政院縮小軍法審判管轄範圍後，百川卽向本院提出糾正案，請將偵查一併限制。旋經行政院接受糾正意見，以四十六年法五八三五號令規定：「臺灣省戒嚴時期，軍法機關自行審判及交法院審判之案件劃分辦法，規定應由法院審判之案件，應認爲包括偵查、訊問、逮捕等權在內。軍法機關，今後不得行使此項職權」。

去年六月五日，本院又致函行政院：「爲貫徹軍法司法審判劃分之主旨，凡應屬法院審判之案件，關於協助偵查之司法警察官，如非必要，自不宜以具有軍人身分者協助偵查」。行政院於同年六月二十六日函復本院：「已令飭司法行政部及國防部轉飭所屬切實注意改善」。依此函令，高檢處此次函請警總協助偵查王×等案，似屬不合。

且卷查此次王×之移送，係出於警務處長之要求，×首席之批可，亦就警務處來函爲之，已如上述，高檢處自應將其移送於警務處，乃結果竟移往警總，措施乖張，尤屬不合。

六

關於施檢察官漾澤之責任問題，百川與權曾向高檢首席檢察官詢問：「檢察官主辦案件，應自爲偵訊，王×案旣稱係施檢察官主辦，則在王鎭移送警總期間，自當親自主持訊問，不應讓警總人員單獨訊問，以致發生傷害。依據法律規定，施檢察官是否失職」？

據夏首席答稱：「施檢察官自承辦本案後，因日夜閱卷，硏究案情，疲勞過度，卽感身體不適，於四月三日至公保聯合中心求治服藥。施以丹毒及心臟跳動甚劇，四日起卽住入省立臺北醫院治療。十五日返家休養，仍力疾從公。王×於四月二十二日帶往六張犂看守所查證對質及追贓之時，施檢察官親自主持訊問，又感心臟不適，翌晨（四月二十三日）復趕赴公保聯合門診中心求治，是日卽因病不能前往六張犂看守所，有聯合門診中心檢驗紀錄可查（附複印檢驗紀錄）。四月二十四日、二十五日，施檢察官均抱病在六張犂看守所主持偵查，有案卷可稽，尙難謂施檢察官有失職之處」。

查施檢察官，於四月二十四日在警總看守所旣因李彬如之告訴已知王×涉嫌毆人，似應卽予提訊王×，並察看王×是否亦被毆打，乃僅爲李彬如製作筆錄，且二十五日對質時，復知王×亦受傷，但仍不卽偵訊，直至二十七日，王×提回法院看守所後，方去訊問，似有延誤。但查施檢察官有疾病，且二十五日晚間應王×之要求陪住一晚，其情不無可原。

七

玆複參照此次調查所得情形，就防杜刑求問題略陳所見：

一、警備總部軍法審判及偵查之事物管轄範圍，業已有所限制，但警總保安處及遊動查緝組究竟有無司法警察官之職權，究竟可否自行偵查或協助偵查一般刑事案件，似應迅予澄清。百川與權認爲卽使依照司法院三十三年院字第二七八八號解釋，警備總部爲特種刑事案件之司法警察官署，卽使如行政院所稱在戡亂戒嚴時期爲維持治安之必要，得協助辦理一般刑事案件之偵破工作，但其事物管轄之範圍，仍應根據行政院當年劃分軍法案件管轄之精神，予以嚴格限制。此項工作，擬請本院與行政院會商辦理。

至於法院方面，自當重視其本身之職責，不得再將一般刑事案件之被告移送警總協助偵查。調度司法警察條例第六條所稱之協助，應認爲以應付急迫情形者爲限。

二、刑求之說，通常來自司法警察機關，而司法警察機關之所以有刑求之機會，最大原因爲司法警察機關有權羈留刑事被告超過二十四小時，乃至數日數十日之久。此項權源，來自臺灣省檢察官與司法警察機關辦理刑事案件聯繫實施要點，其第二點、第三點及第六點之規定，已見上文。

本院曾於四十七年七月二十九日，以糾正案送請行政院，就人身保障問題注意改善，其糾正事項二則爲：「臺灣省司法機關與警察機關聯繫辦法（按此項辦法之名稱現已改爲臺灣省檢察官與司法警察機關辦理刑事案件聯繫實施要點）中之聲請延長羈押規定，核與憲法、提審法、刑事訴訟法、羈押法等，各有關規定均有違反，應請迅予修正，以保人權」。旋准行政院函覆：「現行臺灣省司法機關與警察機關聯繫辦法，應由有關機關根據戡亂戒嚴時期維持治安之必要及有關法令研議修訂」。但迄未改進。擬請本院繼續催促行政院務求貫徹中華民國憲法第八條保障人民身體自由之精神，「非由法院依法定程序不得審問處罰，非依法定程序之逮捕拘禁審問處罰，得拒絕之」，「並至遲於二十四小時內移送該管法院審問」，「本人或他人亦得聲請該管法院於二十四小時內向逮捕之機關提審……不得拒絕」。

遵照前項憲法規定，所謂臺灣省檢察官與司法警察機關辦理刑事案件聯繫辦法實施要點中與其牴觸之各項規定，包括刑事被告之借訊與移請協助偵查，以及檢察官之駐局偵查等規定，依法俱應認爲無效。應請本院迅與行政院及司法院會商改革。

三、憲法關於刑事被告應於二十四小時內移送法院審問之規定，所以不能貫徹，係因較爲重大之案件，司法警察官署不克於二十四小時內追究共犯、追查贓物或與共犯或證人爲必要之對質。百川三年前在與各機關代表會商此項問題時，曾提出左列意見，以資補救：

第一、刑事被告固須於二十四小時內移送法院，羈押於法院看守所，但看守所必有隔離之設備，使新犯與老犯不相混雜，並加嚴關防，以防串供。司法警察人員可在看守所內繼續辦理偵查工作，但對被告之問話，應由檢察官或看守所所長在場，以昭審愼。

第二、司法警察得請准檢察官，將被告帶往他處追贓或緝捕共犯，但晚間必須解回看守所，其在外埠時，得寄押於當地之法院看守所內。

果能如此，則人身自由及破案效率可以兼顧。若不此之圖，而由檢察處負偵查之全責，則人員必須增加，各種科學設備必須添置，經費自須寬籌。爲防杜刑求，自値得勉力爲之。

四、對於非司法機關之拘禁或羈押，吾國本有提審法，可資救濟。民國四十七年，本院曾舉行一次調查，自四十五年一月至四十六年十二月，全省地方法院受理提審案七十九件，但經法院提到者僅十九件，其餘各案，執行逮捕拘禁之警察機關，均以「已向檢察處聲請延長寄押」或「已移送檢察官偵查」爲理由，答覆法院。法院對於羈押之是否合法及移送之是否如期，亦不依法追究。故提審制之收效不宏。今後爲杜刑求，必須厲行提審。擬請本院再作調查，以便糾正。

八

此次奉派調查本案，先後爲時僅八日，但因各方期待甚殷，用特提前陳報，擬請依法處理，並予發表。此上

院長

監察委員　陶百川

衡權

五十二年五月六日

警備總部是否有權偵查犯罪？

保安司令部或警備司令部是否有權自動偵查或協助檢察官偵查一般犯罪案件？這是一個大問題，也是一個老問題。我和衡委員在王鎭案調查報告中已有論列。後經監察院四委員會聯席會議議決：提案糾正。

糾正案文由我主稿，玆錄於下：

本院前據仝道媛呈訴：其夫臺北地方法院檢察官王鎭，被臺灣警備總司令部刑求，請依法嚴追責任等情；經指派委員調查，據報除有無刑求及主管人員責任問題，已另案處理外，關於移送警總協助偵查一節，認爲應予提案糾正。

事實

查王鎭係三月三十一日向臺北地方法院檢察處投案，即被羈押於臺北地方法院看守所。四月三日，臺灣高等法院檢察處函警備總部稱：「1.查本處受理臺北地方法院檢察官王鎭等瀆職一案，案情重大複雜，應請貴部協助偵查。2.特依調度司法警察條例第六條規定，函請查照協助爲荷」。四月十八日，臺灣省警務處函高檢處稱「查本處此次偵辦不法商人假出口眞退稅一案，本處刑警大隊組長莫騣涉嫌瀆職，茲爲偵查其涉嫌詳情，以期發現眞實，對貴處在押被告王琪、王鎭兩名，實有同時借訊質證之必要，除莫騣一名仍請續准借訊五日（自四月二十一日至四月二十五日）外，貴處在押被告王琪、王鎭兩名，至請惠准借訊」。經主辦檢察官於當日擬辦「擬准借提王琪一名，俟訊明後再准借訊王鎭，莫騣延押照准」。當經夏首席批：「如擬」。至四月二十二日，主辦檢察官又簽：「確有對質之必要，擬准借訊王鎭」，亦經夏首席批「可」。

並續據夏首席函本院調查委員稱：「查本案首先由警務處發覺，認與朱逸民有關，且涉及專案小組人員刑警大隊組長莫騣，因恐羈押於刑警大隊有所不便，故由警務處商借警總六張犁看守所，將朱逸民拘押，以便查證。嗣王琪、莫騣亦先後供認，乃由警務處一併帶往該看守所與朱逸民對質，後亦羈押於該看守所。經就該三人之供述，綜合研判結果，發現鉅額賄款在王鎭手中，而王鎭又諱莫如深，且要求與朱逸民、王琪、莫騣對質，故仍由警務處向本處借提王鎭，帶往警總六張犁看守所，以便查證對質及追繳賄款，並便於警總協助，由本處施檢察官親自指揮偵查」。本院調查委員又詢據夏首席答稱：「王鎭等瀆職一案，是依調度司法警察條例第六條之規定，商請臺灣省警備總部協助辦理，並非送交警總偵辦；再依司法院三十三年二七八八號解釋，警總亦係司法警察官署，則警總對於本案協助，係居於司法警察官之地位，並非以軍法機關之身份偵辦，更不涉及軍法審判問題」。

糾正理由

據上事實，本院認爲下列四點應予糾正：

一、查朱逸民係警務處借押警備總部六張犂看守所，而莫煛、王琪、王鎭三人則係警務處向高檢處商請借提應訊，均羈押於警備總部六張犂看守所。是朱逸民、莫煛、王琪、王鎭等四人均曾被羈押於非法律規定之看守所，自係事實。而刑事訴訟法第一〇三條規定：「執行羈押由司法警察將被告解送指定之看守所，該所長官驗收後，應於押票附記解到之年月日時並簽名」。羈押法第一條規定：「刑事被告應羈押者，於看守所羈押之。」看守所條例第一條規定：「看守所隸屬於所在地之地方法院，並受檢察官之督導」。刑事訴訟法第五條規定：「案件由犯罪地或被告之住所居所或所在地之法院管轄」。故莫煛、王琪、王鎭等瀆職案，縱由高檢處指定檢察官偵查，並有羈押之必要，但依法應羈押於臺北地方法院看守所，檢察處自不應將朱逸民、莫煛、王琪、王鎭等羈押於不屬法院之看守所。

關於犯罪嫌疑人應依限移送法院，並應羈押於法定之看守所一節，前經本院於四十七年十一月，以臺灣省司法機關與警察機關聯繫辦法中之聲請延長羈押規定，核與憲法、提審法、刑事訴訟法、羈押法等有關法律均有違反，應從速修正等由，提案糾正；並准行政院四十七年法五五六五號函復，已令飭各有關機關研議修訂。但迄未將改善情形函復。四十八年八月二十九日司法行政部令准暫行實施之臺灣省檢察官與司法警察機關辦理刑事案件聯繫實施要點，（行政院四八法四八九四號令准予備案）第二項規定：「檢察官接受前項被告及案卷後，應即訊問。經訊問後，如確有羈押帶同被告續行偵查之必要，得簽發押票，交送案之司法警察人員辦理，司法警察人員得斟酌情形，將被告送由法院看守所或司法警察機關拘留所羈押之」。第三項規定：「前項帶同被告續行偵查之期間，不得逾五日」。查此項規定與有關法律已屬牴觸，不能認為合法，但尙係於案件移送時，由檢察官簽發押票，交由送案之司法警察人員帶回續行偵查，並非於案件已由檢察官自行偵查後，再將被告從法院看守所中提交司法警察人員偵訊，並羈押於非法定之看守所。

又依提審法第一條規定：「人民被法院以外之任何機關非法逮捕拘禁時，其本人或他人得向逮捕拘禁地之地方法院或其所隸屬之高等法院聲請提審」。第七條規定：法院以外之任何機關，接到提審票後，應於二十四小時內將被逮捕拘禁人解交。則受理法院自不得將已被偵查拘押之被告移送其他機關羈押。且前項刑事案件實施要點第四項規定：「司法警察人員應於限期屆滿前，將被告送回檢察官，如認仍有續行偵查之必要時，檢察官得令派員至法院協助偵查」。故司法警察機關對王鎭等縱有續行偵查必要。檢察官儘可令其派員至法院協助，而不得將被告送往非法定之看守所，供其查證訊問羈押。高檢處此項措施，非特違反有關法律，即與行政院暫准實施之臺灣省檢察官與司法警察機關辦理刑事案件聯繫實施要點之規定，亦有未合。

二、據高檢處聲稱：移送警總協助，係依調度司法警察條例第六條規定辦理。查調度司法警察條例第六條規定「檢察官、推事辦理刑事案件，於必要時，得商請所在地保安機關、警備機關協助。」但查調度司法警察條例第二條規定：「左列各員，於其管轄區域內爲司法警察官，有協助檢察官、推事執行職務之責：1.市長、縣長、設治局長。2.警察廳長、警察局長或警察大隊長以上長官。3.憲兵隊營長以上長官」。但保安機關及警備機關長官皆不在本條列舉之內。足徵其並非司法警察官，自無協助檢察官、推事執行職務之職權。

又第三條規定：「左列各員爲司法警察官，應聽檢察官、推事之指揮，執行職務：1.警察分局長或警察隊長以下官長。2.憲兵隊連長以下官長。3.鐵路、森林、漁業或其他各種專業警察機關之警察官長。4.海關、鹽場之巡緝隊官長」。該條列舉不厭求詳，但保安機關及警備機關人員皆不在內。故檢察官自不得指揮其偵查犯罪。

且該條第二項又規定「前項第三款第四款人員，受檢察官、推事之指揮，以與其職務有關之事項爲限」。換言之，如與鐵路、森林、漁業、礦業、海關或鹽場等職務並無關係，該等人員或其機關之人手縱甚衆多，偵察設備，縱甚完備，偵查技術，縱甚高明，檢察官、推事亦不得命其協助偵查一般性之刑事案件。保安機關及警備機關人員，既不列舉在該條司法警察官之內，檢察官或推事自不得請其協助偵查一般刑事案件，應無疑義。

又調度司法警察條例第六條所謂「必要時」，固得由辦理刑事案件之推事、檢察官自行斟酌認定，但保安機關、警備機關人員，既依該條例規定，並無一般司法警察官身份，檢察官自不得將偵查或協助偵查犯罪之職權擅交與非司法警察官署之警備總部。是該條所謂必要時者，顯指偵查以外之事項。例如刑事訴訟法第二二八條規定「實施偵查遇有急迫情形，得令在場或附近之人爲相當之輔助，檢察官於必要時，並得請附近軍事長官派遣軍隊輔助」。而非可以「案情重大複雜」爲理由，將該案送請協助。

三、高檢處認爲依司法院三十三年二七八八號解釋，警總亦係司法警察官署，則對於本案協助，係居於司法警察地位，並非以軍法機關之身份偵辦，更不涉及軍法審判問題。查警備總部係軍事治安機關。其所屬之保安處及遊查組人員，關於法令特定事項，卽使得行使特定之司法警察官之職權，但對一般刑事案件自不得比照一般司法警察官協助偵查。且司法院三十三年二七八八號解釋，已因特種刑事案件訴訟條例之廢止而失所依據。

又自四十三年十月，臺灣省戒嚴時期軍法機關自行審判及交法院審判案件劃分辦法修正公布施行後，軍法機關自行審判案件，僅以1.軍人犯罪。2.犯戡亂時期檢肅匪諜條例與懲治叛亂條例所定之罪爲限。其餘案件，一律由法院審判。並經行政院四十六年十一月十六日法字第六四二九號令規定，凡屬法院審判案件，應認爲包括偵查、訊問、逮捕等權在內，軍法機關今後不得行使此權。今警備總部就王鎭等非屬軍法審判之案件，而協助偵查、訊問及羈押，與行政院上項命令顯相背謬。

四、據高檢處稱：王鎭等雖移押警總看守所，但主辦檢察官仍親自指揮偵查。按臺灣省檢察官與司法警察機關辦理刑事案件聯繫實施要點第六條規定，司法警察機關偵查重大刑事案件，得報請檢察官至該機關直接指揮。行政院三十四年公布之檢察官與司法警察機關執行職務聯繫辦法第三條規定，各院轄市及其他刑事案件較多之省市，由警察機關之聲請，該管法院得酌派檢察官於警察局設立辦事處，以直接指揮該局刑事警察，辦理偵查程序。查檢察官固得直接指揮刑事警察，但不宜於警察機關內設處辦公，以致犯罪嫌疑人本應依法於二十四小時內移送法院審問並羈押於看守所者，乃竟得假此理由，延長羈押於司法警察機關之拘留所，自有未合。

應予改善事項

一、關於司法警察官之身份，調度司法警察條例第二條第三條既已明定，則該條例第六條所謂保安機關、警備機關必要時之協助，自不包括偵查在內。今後警備總部不得就一般刑事案件行使司法警察官之職權，檢察機關自更不得以該條例第六條爲依據，將犯罪嫌疑人送請警備總部協助偵查。

二、過去檢察機關准許司法警察機關延長羈押或帶同被告續行偵查，不獨流弊甚大，抑且於法不合。故今後犯罪嫌疑人必須依法於二十四小時內移送法院審理，並羈押於法院看守所。所有暫行實施之臺灣省檢察官與司法警察機關辦理刑事案件聯繫要點之與有關法律違反部份，均應速予修正。

三、檢察官與司法警察機關執行職務聯繫辦法，及臺灣省檢察官與司法警察機關辦理刑事案件聯繫實施要點中，關於檢察官在警察局設處辦公，及檢察官在司法警察機關直接指揮偵查之規定，使司法警察機關得以延長羈押，流弊甚大，應予修正。

四、刑求逼供，不獨違反人道，尤爲法令所嚴禁，本院一再糾正迄今仍有所聞，應請行政院重申禁令，切實防杜。又以後法院偵查或審判時，經人犯陳述有刑求情事者，承辦檢察官或推事應卽切實查明訴追或移送偵辦，其置之不理或延遲不辦者，應卽分別以瀆職或失職論罪懲處，以重人權而宏法治。

以上各項，與法治前途及人權保障，所關甚大，特依監察法第二十四條提案糾正，移送行政院切實改善。

行政院就監察院前述糾正案於五十二年八月八日以法字五二六一號函覆監察院，內開：

一、貴院本年五月三十日（五二）監臺院機字第一四五三號函，爲調查臺北地方法院檢察官王鎭被刑求，深感法院及司法警察機關處理人民犯罪嫌疑被羈押訊問及移送協助偵查事項，仍多於法不合，特提案糾正，囑查照辦理見復一案。當卽轉飭司法行政部會商國防部臺灣省政府等有關機關研議改善，曁將改善情形具報。並於本年六月五日以臺五十二法字第三七三五號函復請查照在案。

二、玆據司法行政部呈經邀集內政部、國防部、臺灣省政府、臺灣警備總司令部、臺灣省政府警務處等有關機關會商，一再充分交換意見，就原糾正案中所提各事項歸納爲四點，分別研擬改善原則請鑒核前來。除由院核飭司法行政部內政部國防部臺灣省政府及臺灣警備總司令部遵照切實辦理外，玆將改善要點列表函復，卽請查照爲荷。

附件

監察院糾正法院及司法警察機關處理人民因犯罪嫌疑被羈押訊問及移送協助偵查事項，仍多於法不合行政院令飭有關機關注意改善辦理情形表：

糾正事項	令飭有關機關注意改善辦理情形
一、關於司法警察官之身份，調度司法警察條例第二條第三條既已明定，則該條例第六條所謂保安機關、警備機關必要時之協助，自不包括偵查在內，今後警備總部不得就一般刑事案件行使司法警察官之職權。檢察機關自更不得以該條例第六條爲依據，將犯罪嫌疑人送請警備總部協助偵查。	據司法行政部等有關機關（以下簡稱「有關機關」）研復：臺灣警備總司令部是否具有司法警察官署之地位，可否就一般刑事案件行使司法警察官職權，各機關見解向不一致，擬請依司法院大法官會議法第七條之規定，轉請司法院統一解釋等語。本院已令飭司法行政部詳具各項不同意見及理由專案報院，以便轉請解釋。並經飭知該司法行政部在未統一解釋前，應由部轉飭所屬檢察機關，今後如依據調度司法警察條例第六條認爲必要商請警備總部協助時，應將客觀必要事實及商請協助事項，在文書內詳予說明。

二、過去檢察機關准許司法警察機關延長羈押或帶同被告續行偵查，不獨流弊甚大，抑且於法不合，故今後犯罪嫌疑人必須依法於二十四小時內移送法院審理，並羈押於法院看守所。所有暫行實施之臺灣省檢察官與司法警察機關辦理刑事案件聯繫要點之與有關法律違反部份均應速予修正。	(一)據有關機關研復：擬請由院依法院組織法及看守所條例之規定，准在各縣市普設地方法院及看守所。並充實檢警機關之人力物力，如各項設備及其必需之交通工具。以免發生延長羈押或帶同被告續行偵查之情事等情。查所擬在各縣市普遍設置法院及看守所一節，經令復司法行政部所議原屬正辦，惟目前政府財力實難負擔，應暫從緩議，可視以後實際需要情形，兼顧財力人力逐步統籌研擬報核。 (二)據有關機關研復：現行羈押法第一條規定，刑事被告應羈押者，於看守所羈押之，而各縣市並非普設看守所，亦無看守所分所之設置，執行時難免發生困難，擬請飭司法行政部針對事實上之需要擬訂修正條文轉請立法院修改現行羈押法以謀改進等語。經飭司法行政部照所議從速研究修正條文報核。 (三)據有關機關研復：擬請由院令飭司法行政部轉飭臺灣高等法院檢察處會同臺灣省司法警察機關研議在事實與法律兼顧情況下修改「臺灣省檢察官與司法警察機關辦理刑事案件聯繫實施要點」有關續行偵查及羈押部份並層轉報核等語。經飭司法行政部應由該部督飭從速切實檢討修訂報核。
三、檢察官與司法警察機關執行職務聯繫辦法及臺灣省檢察官與司法警察機關辦理刑事案件聯繫實施要點中關於檢察官在警察局設處	據有關機關研復：查院頒之「檢察官與司法警察機關執行職務聯繫辦法」，係依據「調度司法警察條例」第十條所制定核其內容與憲法及其他有關法令尚無牴觸之處。檢察官駐局辦公以及直接指揮偵查，倘認眞實施，當可發揮檢察功能。關於延長羈押部份

辦公及檢察官在司法警察機關直接指揮偵查之規定，使司法警察機關得以延長羈押，流弊甚大，應予修正。 四、刑求逼供，不獨違反人道，尤爲法令所嚴禁，本院一再糾正，迄今仍有所聞，應請行政院重申禁令，切實防杜。又以後法院偵查或審判時，經人犯陳述有刑求情事者，承辦檢察官或推事應即切實查明訴追或移送偵辦，其置之不理或延遲不辦者，應即分別以瀆職或失職論罪懲處，以重人權而宏法治。	，如在上述臺灣省檢警聯繫實施要點內予以修正則院頒檢警聯繫辦法，似無修改必要等語。除關於臺灣省檢警聯繫實施要點，經飭司法行政部督飭切實檢討修訂報核已如上述外，至本院頒行之檢警聯繫辦法，已飭暫時不必修正。 本院爲貫徹禁令，已令飭司法行政部、內政部、國防部、臺灣省政府、臺灣警備總司令部重申嚴禁刑求逼供及以其他不正方法取供情事，並飭轉令所屬注意查察，在刑事案件偵查或審判中，倘發現有上述情事，對違法人員應即交付偵查，澈底究辦。軍司法機關推檢人員如或置之不理或延不移辦，亦應依法懲戒。但如藉口刑求，圖卸刑責，亦應依法究辦。以維法治。

五十二年十月七日王鎭案糾正小組舉行會議，審閱行政院上項覆文，我發表兩點意見，後來由秘書記錄整理後函請行政院注意和裁答。原文如下：

一、第二項中關於臺灣警備總司令部是否具有司法警察官署之地位，可否就一般刑事案件行使司法警察官職權，擬請大法官會議解釋一節，應請行政院明定送請解釋之時間，並將送請解釋文之副本函送本院。

二、第二點中關於今後犯罪嫌疑人必須依法於二十四小時內移送法院審理，不得延長羈押，擬修正現行羈押法一節，應請注意：（甲）原糾正案意旨，係促有關機關應遵守現行法律，並非主張修改法案（羈押法）。（乙）在有關法案未修正前，必須遵照現行法切實辦理。（丙）修改有關法律必須恪遵憲法第八條第二項之規定。

三、第二點第三項中擬在事實與法律兼顧情況下修改「臺灣省檢察官與司法警察機關辦理刑事案件聯繫實施要點」一節，亦應請明定修正期限，以免拖延。

法院檢察官可否將一般刑案送請警備總部協查？

監察院衡監察委員權和我二人在調查出口退稅舞弊案時發現執法人員有侵犯人權情事，對臺灣高等法院檢察處首席檢察官×××，以其處理王×王×莫×朱××蕭柏煌等涉嫌勾串瀆職案，將該案嫌疑犯送交警備總部偵查，顯有違誤，經予糾舉。糾舉案原文如下：

一

查臺灣省警務處於偵查不法廠商虛報出口，勾結海關人員涉嫌舞弊一案時，獲悉大同實業股份有限公司負責人蕭柏舟、蕭柏煌等，以新臺幣二百萬元交與朱逸民，向有關人員行賄，當經該處派員秘密深入調查。於三月二十二日拘捕朱××供稱：二月十八日晚，收得蕭柏煌妻蕭秀梅及蕭柏舟送來新臺幣二百萬元，除自己留下二十萬元外，餘一百八十萬元，卽於當晚携至其緯綸公司內，轉交司法行政部調查局職員王×代爲活動（附件一）。

臺北地檢處首席檢察官楊鳴鐸，次日（三月二十三日）據報，卽簽報臺灣高等法院檢察處首席檢察官×××轉報司法行政部長鄭彥棻，於當晚將王琪傳訊，並將其羈押於臺北地方法院看守所。

三月二十四日，該案主辦檢察官熊家曾往刑警大隊看守所，訊據朱××供稱：該款一百八十萬元，係由王×轉交臺北地檢處檢察官王×，向專案小組副組長莫×活動，夏、楊二首席據報後，並未立卽傳訊王×及莫×，直至同月二十八日方由楊首席簽報，經高院檢察官施漾澤簽發拘票，並分請警務處及警總協助拘提。至同月三十一日，王×乃自行投案，鉅事發已逾七日。

關於王×投案前之處理情形，據夏首席於五月十九日函報本院陶百川、衡權二委員稱：「熊家曾於三月二十四日訊問朱××，獲悉涉及該處檢察官王×，據聞該王×擬將贓款携往朱××家退還，爲期人贓俱獲，認有跟蹤搜索之必要……由警總派員持本處施檢察官簽發之搜索票守候王×、朱××住宅附近，並派章員等跟蹤王×，注意其行動。……迨至二十八日晨，均未發現王×有携帶箱子、皮包等可疑物件。又在朱宅附近亦未發現王×行蹤，故未貿然進入搜索……」（附件二）。

三月三十一日，檢察官施漾澤往警務處刑警大隊偵訊莫×，並卽簽發押票，由刑警大隊將其解送法院看守所收押。

四月二日，高檢處致函警備總司令部：「1.查本處受理臺北地方法院檢察官王×等瀆職一案，案情重大複雜，應請貴部協助偵查。2.特依調度司法警察條例第六條規定，函請查照，惠予協助爲荷」（附件三）。

同日，警務處將朱××等全案移送臺北地檢處法辦，但地檢處楊首席囑將朱逸民帶回羈押（附件四）。故朱逸民一直被羈押於刑警大隊，至四月二十六日方移押於法院看守所（附件一參照）。

四月十八日，警務處致高檢處函稱：「查本處此次偵辦不法商人假出口眞退稅一案，本處刑警大隊組長莫×涉嫌瀆職，前經函請惠允提訊，並蒙俞允，無任感荷。茲爲偵查其涉嫌詳情，以期發現眞實，對貴處在押被告王×、王×兩名，實有同時借訊質證之必要，除莫×一名仍請續准借訊五日（自四月二十一日至四月二十五日）外，貴處在押被告王×、王×兩名至請惠准借訊。」經主辦檢察官擬辦：「擬先准借提王×一名，俟訊明後再准借訊王鎮。莫×延押照准」。當經夏首席批：「如擬」。此爲四月十八日之事。至四月二十二日，主辦檢察官又簽：「確有對質之必要，擬准借訊王×」。亦經夏首席批：「可」（附件五）。於是王×乃被移送警總六張犁看守所。

關於此事，夏首席曾於五月十一日函告本院陶、衡二委員：「警務處商借警總六張犁看守所將朱逸民羈押以便查證，嗣王×、莫×亦先後供認，乃由警務處一併帶往該看守所與朱××對質後，亦羈押該看守所中。經就該三人之供述，綜合研判結果，發現鉅額賄款在王×手中，而王×

又諱莫如深，且要求與朱××、王×、莫×對質，故仍由警務處向本處借提王×帶往警總六張犁看守所，以便對質查證及追繳賄款，並便於警總協助，由本處施檢察官親自指揮偵查」（附件六）。

玆特依據上述事實，論究高檢處首席檢察官夏惟上之責任。

按高檢處函請警備總部協助之事項，據其四月三日函稱，乃爲「協助偵查」，其法律根據則爲調度司法警察條例第六條。查該條所稱「必要時，得商請所在地保安機關、警備機關協助」之所謂協助，是否包括協助偵查在內，又王鎭等案究竟有無送請警備總部協助偵查之必要，此爲本案之重點，特先加以釋明。

查調度司法警察條例關於有權協助檢察官、推事偵查犯罪之司法警察官，在其第二條及第三條詳爲列舉，但保安機關及警備機關皆不在內。是其第六條所稱得商請保安警備機關協助云云，自係指偵查以外之協助。但臺灣保安司令部及警備總部一向執行司法警察官之職務，偵查犯罪，故高檢處認爲有例可援。

關於此項法律問題，本院設有十一人小組，從事研究，並擬以糾正案限制今後治安機關對一般刑事案件之偵查及協助偵查。至以王×等案而論，高檢處因無請求警備總部協助偵查之必要，故卽使不論協助之範圍如何，而專論協助偵查之有無必要，夏首席亦有違誤之咎。

查王×等案之偵破，係始於朱××之供白，而朱××則於三月二十二日由刑警大隊拘捕，且延長羈押於該大隊，依通常程序，爲便於查證對質及追贓，同案人犯王×、王×、莫×等俱應發交刑警大隊併案偵查。乃高檢處一反常例，於×××則同意刑警大隊之延長羈押，由刑警大隊繼續偵查。而王×、王×、莫×則由高檢處特派施檢察官另行偵查。迨刑警大隊將朱××解案併辦，楊首席又飭其解回。在此二十餘日中，施檢察官之偵查，毫無進展。若非調查局張局長說服王×供承一切，則該案幾爲高檢處所誤。

夏首席曾對本院陶、衡二委員稱：「檢察官平時辦案負荷過重，辦案經費支絀，科學偵查設備闕如，故有請司法警察官署協助偵查之必要」（附件五）。但以王×等案之複雜艱鉅，高檢處不予發交刑警大隊併案偵查，而欲以施檢察官一人之力，負偵破之責，自始卽應知其困難。是高檢處之用意頗難理解！

謂法官或其他司法人員不應受司法警察官署之偵查歟？則法律之前，人人平等；法官及其他司法人員皆不應有此特權。謂刑警大隊及調查局因其職員涉嫌在內，不應交其協助歟？則臺北地檢處亦有檢察官涉嫌在內，何以高檢處最後仍交臺北地檢處偵辦，而認爲並無庇縱之虞。

查刑警大隊爲王×等案之主辦機關，調查局爲司法行政部專設之司法警察機關，皆有儘先參加協助偵查之職責，乃高檢處既不任刑警大隊併案辦理，亦不使調查局參加偵查，而反請警備總部協助偵查，其章法之亂，措施之乖，寧非遲誤？

且高檢處所需警備總部之協助，以及警備總部可能供給之協助，據稱無非爲查證及對質。所謂查證，係往美而廉、亞士都及南京大酒店等處之調查。所謂對質，係令王×等四人互相對質。此在施檢察官亦優為之，高檢處殊無於四月三日即求助於警備總部之必要。查調度司法警察條例第六條既規定檢察官於必要時方得請保安機關警備機關協助。王×等案既經上文釋明，並無求助於警備總部之必要，則高檢處之求助措施，顯屬違誤。

綜上所述，臺灣高等法院檢察處首席檢察官夏××，處理王×等涉嫌瀆職案，違法誤事，特依監察法第十九條提案糾舉，送行政院依法辦理。

（按：該案經依法審查通過送請行政院依法辦理，並經行政院送司法院依法懲戒。現尚在公務員懲戒委員會審議中。）

二

此外，我又單獨提了一個糾舉案。案由是：「糾舉臺灣警備司令部保安處訊室區隊長鄒××、班長何××，對王×施用戒具，造成傷害，應負凌虐罪責案」。玆錄糾舉案文如下：

本院前據王仝道媛呈訴，四月二十六日目睹其夫王×於押回看守所門前，不能行動，顯係受刑成傷，懇祈賜即前往臺北看守所勘查，依法嚴追責任，等情到院。經派員查明，臺北地方法院檢察官王鎮曾因案被押，旋於四月二十二日移送臺灣警備總司令部協助偵查。其在警備總部保安處待訊室（看守所）所遭受之傷害，據臺北地方法院檢察處病傷檢驗書載，為「左膝蓋部有十二公分乘十二公分大之皮下出血一處，左膝屈側部有七公分乘九公分大之皮下出血一處，以上兩處傷爲膝蓋部前後相對傷痕。左大腿內側部有一公分乘一公分大之皮下出血一處，右膝蓋部十公分乘十公分大之皮下出血一處，右膝屈側部有二公分乘二公分及二公分乘七公分大之皮下出血各一處，計二處，以上三處傷亦爲膝蓋部前後相對傷痕」。

關於王×此項傷害，警備總部發言人稱：係王鎮於二十三日「故意猛力掙扎抗拒、亂踢亂撞，以致造成手腳等處之輕微擦傷」。但本院調查報告認爲「亂踢亂撞，自不能造成如此完整之傷害，且左右膝後側部之傷害，尤非亂踢亂撞所能自行製造。但王鎮所稱係被竹板打傷，據法醫鑑定，亦不可能。其最可能之解釋，似爲釘鐐時所遭致之踢傷及跪傷。因王鎮受訊之房係水泥地，雖舖塑膠板，然仍十分堅硬，王×被按倒（跪）於其上，膝後屈側部又被人以腳踏住，且歷十餘分鐘之久，左右膝蓋前後自必成傷。經以此項看法詢諸法醫蕭醫師及高檢驗員，彼等僉認爲可能」。

據本院調查報告載：本院調查委員於是詢問警總看守所區隊長鄒××：「區隊長，請你把釘鐐情形說一說」？答：「因爲他不肯讓我們上鐐，我們把他按在地上」。又問：「你們怎樣把他按下去的？」答：「我們兩個人把他手臂抓住，用腳把他腿彎踏住，把他兩腳板起釘鐐」，並作現場表演，王×頭胸係被擱壓在橫倒圓櫈之上。

本院調查報告又載：本院調查委員與警總看守所班長何××問答如下：「問：釘鐐時候你做

甚麼？答：我把鐐套在他的腳上，把螺絲釘釘好。問：用手拉住王鎮臂膀把他按在地上是甚麼人。答：我與區隊長。問：王×被按在地上有多少時間？答：大約有十幾分鐘」。

查王×之傷，據調查報告謂：既非由於如警總發言人所稱之亂踢亂撞，亦非由於如王×所稱之竹板打傷，參照上列問答，自係警備總部鄒區隊長及何班長釘鐐時所造成，但不能認爲刑求。

查被羈押者，如有暴行或其他擾亂秩序行爲之虞時，看守人員得施用腳鐐、手銬、聯鎖、捕繩等戒具，此爲監獄行刑法第二十二條所明定。但其執行，如果超過必要之程度，或其施用如果造成傷害，行爲人仍應依法負責。本案王鎮被釘鐐前已被制服，如認爲尚須釘鐐，則因其兩臂已用捕繩反綁，喪失抗拒能力，自可命其坐在椅上或地上爲其釘鐐；乃竟以腳踢其腿彎，強其跪倒地上，又復撻起頭胸，扳起雙腳，以腳踏住其膝蓋後彎，身體遂成弓形，全身重量，落在左右膝蓋之上，達十餘分鐘之久，從而造成左右膝蓋前後之傷害。其在場實施人員，警備總部區隊長鄒××及班長何××，應負凌虐罪責。如經被害人提起告訴應負傷害責任，自應提案糾舉，依照監察法第十九條規定送交臺灣警備總司令部依法辦理。

（按：該案經警備總部答稱：已將鄒何二人調離看守所後並交付軍法處依法審判。）

破案與偵查的方法

破案不得用非法方法

五十六年六月十五日中央日報載：「龍江街彭馬周卿母女雙屍案疑兇許漢忠在偵查庭上，供述在警方人員訊問時，曾被刑求。他又說左腳已被打傷，請求檢察官讓法醫來驗傷，以便提出控告。檢察官告訴許漢忠說：現在是開庭偵查他涉嫌犯罪的部分，如果他要提出控告，那是另外的案子，可以等到看守所後，再依照程序以訴狀提出」。

一

中央日報前項記載如果確實，承辦檢察官之裁處，似有未合，理由如下：

一、殺人兇犯雖罪有應得，然在法院未確定判決之前，任何人不應以其有嫌疑而遽認為確係犯罪之人。從而對其有利之處，法院亦應予以注意。

疑犯過去雖曾有以刑求（刑訊）為藉口以圖推翻其在司法警察機關審問之口供，然刑求之存在過去確不乏例證。法院對於疑犯之刑求控訴，自不得因痛恨犯罪而推拖敷衍，不予重視。

本院為此曾於民國四十九年提出糾正案，經行政院接受辦理。其中規定：「爰依監察法第二十四條提案糾正，請移送行政院速卽採取有效措施，注意科學偵查方法，禁止刑訊，嚴令各有關機關不得施以體罰或疲勞訊問等其他不正當方法，審問人犯。違者依法嚴懲。其主管長官並應一併論罪。其於法院偵查或審判時經人犯陳述有刑求事情者，承辦檢察官或推事應切實查明訴追，或移送偵辦。其置之不理或延遲不辦者，應卽分別以瀆職或失職論罪懲處」。

糾正案所以規定不得延遲者，乃因刑求如果有傷，稍加延遲卽有無法驗出之虞。

本案疑犯許漢忠明明提出左腳被打傷，當庭要求檢察官派法醫驗傷，檢察官自應卽予受理，而乃諭知依照（通常）程序提出訴狀，揆諸前項糾正案，似屬不合。

且所謂提出訴狀，自指刑事訴狀。以許犯之失去自由，且又停止接見，而所告訴者又爲警察人員，在看守所何人肯爲其向法院買狀紙？看守人員是否能爲其迅速傳遞？如果稍延時日，創傷卽無法驗出，而此項困難及延遲，毋寧係在意中。故檢察官之拒不受理，不能不謂其不合。

二

二、且就警察人員偵辦本案種種不合情形看來，許漢忠之刑求告訴，較諸一般刑求案件更應注意。何以言之？

第一、刑事訴訟法規定警察機關在拘留所羈押疑犯不得超過二十四小時，如爲查證或追贓等之必要，余早於數年前建議可向法院看守所借提其人，但當日必須送還。新店裸屍案卽照此辦理，每日借提一次，數日借數次，對查證追贓並無不利，但不可能有刑求或疲勞訊問之虞。可謂有利無弊。

但許漢忠則在二十四小時後並未羈押於法院看守所，而仍在警察局拘留達五日之久。警察局雖以違警（宿娼）爲拘留之理由，然其訊問查證等工作既在此五日內完成，承辦警察人員便有刑求嫌疑，故許漢忠之刑求申訴，在未驗傷之前，自有特加重視之理由與必要。

復照各報（例如十五日之《徵信新聞報》及《臺灣日報》）之記載，許犯並未被拘留於警察局之拘留所，而係被拘留於「松江路某賓館內」，（《臺灣日報》載）或「長春路十五號一幢日式住宅」，（《徵信新聞報》載）。警察局此項離奇之做法，焉得不使人發生刑求之聯想！

三

三、此外，本案尚有二事，以其做法過於離譜而幾達刑事訴訟法第一五六條「不正之方法」之程序，亦足使刑求嫌疑更覺重大。

其一：六月十五日《臺灣日報》載：「製造車禍拘捕兇嫌：龍江街母女雙屍命案，承辦該案的專案小組，在十二日下午，準備逮捕兇嫌時，因爲苦無證據，專案小組實際負責人王中平，靈機一動，乃以警用的紅吉普車，在許漢忠的計程車後面撞了一下，用車禍的方式，『造成』許漢忠違警，而將其予以留置後，再向檢方請領拘票，予以正式將許漢忠扣押」。

其二：六月十四日《聯合報》載：「原來郭玉貞在目擊龍江街命案發生後，曾嚇得大病一場，年老怕事的她，對曾看到許漢忠出現現場一事，更是守口如瓶。甚至，警方數度請她幫忙提供線索，她都效金人三緘其口。後來專案小組，實在無計可施，乃商得郭玉貞的丈夫張某同意，警民合作扮演「苦肉計」，由警方僞裝指控張某涉嫌，郭玉貞不忍丈夫被寃枉，才挺身而出，講出了實情。郭玉貞看到警方把她丈夫張某用手銬銬起，嚴詞訊問時，當時急得跪在地上，痛哭流涕的對警方人員舉手發誓說：『我可保證這案子不是我丈夫幹的』。專案小組人員問她怎麼能證明不是她丈夫幹的，她才說出她曾在案發時看到許漢忠在現場房內的事」。

四

夫破案固甚重要，果能破案自屬可喜可賀可嘉，但必須以正當方法爲之。本案許漢忠如果罪證確鑿，翻供亦難逃法網。唯就上述報載情形觀之，其刑求告訴，在未經法院驗傷及查明前，警察人員之刑求嫌疑，不可謂不重大。法院對其刑求告訴如不立刻偵查，揆諸上述法令及事實，自不能不謂其不合。

爲此提請派本委員會秘書迅往地檢處查詢：

一、《中央日報》此項刑求告訴之記載是否與事實相符？

二、檢察官對該告訴如不受理而作前述諭知，是否違反本院前引之糾正案？

三、後來地檢處如何處理？

本會（監察院司法委員會）秘書就上述問題查詢所得情形，應請逕行報告本會召集委員決定應否派員作進一步之調查。

提案委員　陶百川

六月十六日

（註）：六月二十一日補註：頃據臺北地檢處告本院秘書謂該處早派法醫爲許犯驗傷云云。

反對刑訊第一聲

民國四十九年三月，我向監察院院會提案，請求切實設法消滅刑訊取供。提案案由如下：「刑訊取供，不獨有背人道，抑且造成寃獄。而怨毒若集於政府，則禍害必延於國家，如此破案得不償失。吾國號稱法治，而刑訊尚時有所聞，亟應由本院司法委員會查明糾正。以後如再發現刑求情事，並應依法糾彈，以彰法治，而固國本」。院會決議交司法委員會處理。後由司法委員會於五十年一月對行政院提了一個糾正案。行政院予以接受，令飭所屬司法警察人員及司法人員切實辦理。

茲錄糾正案文於左：

依照刑事訴訟法規定，司法警察機關及依法令對於特定事項行使司法警察職權之機關，於其管轄區域內固有協助檢察官偵查犯罪之職權，但此項調查及蒐集證據，必須依法行使，不得強暴脅迫或以體罰及疲勞詢問等方法爲之。並迭經政府嚴令禁止有案。但日久玩生，禁令已視同具文。本院年來迭接人民呈訴，各地司法警察及依法令對於特定事項有司法警察職權之治安機關，於偵訊犯罪嫌疑人時，仍有以榜掠、捶楚、不眠、不休等方法，以取得疑犯之「自白」或所謂

「原始供詞」。檢察官卽據之起訴，而法庭亦卽依之以論罪科刑，致造成寃獄。雖事過境遷，不易查得受傷痕跡，唯被害人縷述受刑經過及刑具種種形式，衆口一詞，歷歷如繪，自屬可信，此項強暴脅迫或其他不正當方法，不獨有背人權，觸犯法令，且縱取得「自白」或所謂「原始供詞」，亦予犯罪人以口實，依法不得採爲證據。爰依監察法第二十四條提案糾正，請移送行政院速卽採取有效措施，注意科學偵查方法，禁止刑訊，嚴令各有關機關不得施以體罰或疲勞訊問等其他不正當方法，審問人犯。違者依法嚴懲。其主管長官並應一併論罪。其於法院偵查或審判時經人犯陳述有刑求情事者，承辦檢察官或推事應卽切實查明訴追，或移送偵辦。其置之不理或延遲不辦者，應卽分別以瀆職或失職論罪懲處。

調解不得以羈押爲手段

案由：爲臺中地方法院推事王季猛濫用職權，以羈押爲手段脅迫被告周朝章賠償原告一千元及撤回另案之告訴，涉嫌違法失職，應予彈劾由。

事　實

查本案原控人周鄭春枝與許陳盆係同住於彰化縣二水鄉惠民村爲鄰居，許陳盆於五十六年五月二十八日下午以熱水潑傷周鄭春枝之女周瑗，周鄭春枝等前往許陳盆住宅理論，發生互毆。周鄭春枝頭部腰部受傷，許陳盆左手外上膊亦受傷。周鄭春枝受傷部分，經向臺中地方法院檢察處訴請偵辦，經檢察官於同年六月二十三日以傷害罪將許陳盆及其翁公許丁乖提起公訴，刑庭審判結果，許陳盆處拘役三十日。（如附件一、二）許陳盆亦以周朝章、周鄭春枝、周瑗等傷害及妨害自由，向臺中地方法院刑庭提起自訴，由推事王××審理。六月十五日首次開庭，卷載王推事向被告周朝章僅問一句，問答如下：

問：（周朝章）五月二十八日有無毆打許陳盆？

答：無。我去種田，回來聽說我妻與他發生打架。

同月二十九日第二次開庭，傳被告及原告所舉證人蕭秀國、蕭坤輝到庭訊問。卷載王推事對證人及被告全部訊問與答覆如下：

問：（蕭秀國、蕭坤輝）今年五月二十八日自訴人與被告等打架事，你們知道嗎？

答：知道。

問：你們有無親屬關係？

答：我們孫女兒嫁周朝安的弟弟。

問：當時情形如何？

答：我們聽我嫂嫂說，跑去，女的已經打完出來了，男的還在裏面打。

問：是否看到有一把刀？

答：未看到。

問：是否有他人先到？

答：無。我們去就把他們拉開。

至王××是日對被告等卷載僅問一句如下：

問：（被告等）願和解嗎？

答：大家無條件撤回告訴。

訊問卽告結束，王推事「諭知改期七月六日上午十時審理。被告周朝章有串供之虞，收押」。

七月六日第三次開庭，王××對原被告全部訊問與答覆筆錄如下：

問：（被告）證人惠民派出所警員有沒有來？

答：聽說要來，不知何以沒來。

問：（自訴人）願和解嗎？

答：願意，但要賠我藥費。

問：（被告等）願賠償藥費嗎？

答：無條件和解才要。

訊問迅卽結束，王××諭知改期審理，被告周朝章之妻周鄭春枝以王推事對周朝章濫行羈押，並以周爲佃農，在此農忙之際，耕種失時，老幼七人何以爲生，向本院及臺灣高等法院臺中分院提出檢舉。王××知本院對此甚爲重視，乃於七月二十四日第四次開庭時將周朝章責付釋放，唯該周朝章已被羈押達二十六日之久。

理 由

查周朝章被控傷害及妨害自由案，王××推事自稱曾「迭於庭期中嘗試和解，並以無償，或被告周朝章等三人賠償新臺幣一千元爲方法。前者爲自訴人所不接受，後者爲被告不允撤回另案告訴而致拒絕」（如附件四）。此所謂「另案告訴」，當係指周鄭春枝控訴許陳盆傷害而言。該案業經檢察官於五十六年六月二十三日偵查終結，提起公訴。本案之調解條件爲被告須對業經被提起公訴之原告賠償一千元，並撤回對原告之另案告訴，被告不允，乃遭羈押。七月六日第三次開庭時，王××又就被告是否願意接受和解條件，訊問被告，而且僅問此一點，不及其他。足徵王員心目中所關切者，非爲案情之調查，而爲被告之是否屈服。迨被告再度拒絕賠償及撤回另案告訴，王××乃又將其還押。是周鄭春枝向本院所陳：「開庭時未予被告陳述辯論機會，卽強令給付自訴人一千元和解，因未能應命，觸怒於承辦推事，致其夫周朝章被羈押」一節，可謂信而有徵。

王××推事之表面理由，乃以被告周朝章否認在場行兇，與庭訊證人蕭坤輝、蕭秀國所稱情節不同，認爲有串供之虞，故予收押。但本院調查人員曾詢問王推事：「當時你認爲周朝章可能與那些人串供？」王答稱：「該管區警員及當庭到庭作證之蕭秀國、蕭坤輝，以及另一證人許丁乖」（如附件五）。但蕭秀國、蕭坤輝二人已於當日應訊，對被告已爲不利之陳述；管區警員係公務人員，應無串供之虞，且非參與現場之人；許丁乖係原告之翁公，不可能與被告串供。況七月六日第三次開庭，未見有傳訊證人之事。本院調查時詢據王××亦不能提供傳訊證人之任何證明（如附件五）。祇見其傳訊時，仍復斤斤以被告是否曲從其意爲念，爲問。所謂有串供之虞而予羈押云云，無非作爲濫用職權之藉口以圖利原告許陳盆而已。

王××辯稱：「××如因和解不成而予收押，何不於第一次庭期爲之」？但第一次庭期王推事並未提出和解條件，被告自無拒絕可言，因之並不觸怒王推事，故王推事當然無收押被告之必要。至第二次庭期，王推事已提出和解條件，經被告拒絕，乃予以收押。第三次庭期被告再不從，乃再予以還押。直至第四庭期，本院及高分院查詢時爲止。

王××又辯稱：「××如因和解不成而予收押……又何於收押後仍欲爲其勸解」？無非勸該被告在嘗鐵窗之苦之後速卽就範耳！

王××復辯稱：「××如因和解不成而予收押……何獨僅對一被告爲之」？但：收押該一被告猶以爲未足乎！且如眞如所辯，爲防串供而收押，則應將其妻女亦一併收押方無串供之虞。可知防串之說，乃係煙幕（俱如附件四）。

本院辦理推事檢察官被控違法羈押案件，向極愼重，蓋旣須注意人民之身體自由與法益，亦不可不關顧法院辦案之要求及效果。故如係必要羈押，本院向不吹求。年來本院調閱寃獄賠償案卷五十九件，各案被告皆被羈押而卒告無罪，後經國家予以賠償者，其下令羈押之推檢，似係咎有應得矣。然經本院司法委員會審閱案卷之結果，此五十九案中，除情節可疑派員調查者一件，卷宗未齊去函續調者九件外，其餘四十九件俱經認爲羈押並無不合，推檢皆無咎責。本委員審閱其中之九件，對羈押亦皆予以支持。

但此非謂推事檢察官可以濫用職權，任意羈押。司法行政部早經明令規定：對於刑事被告不得藉口逃亡串證或嫌疑重大濫行羈押，對於情節輕微之偶發犯，尤不得輕予羈押。王××推事自應知之。本案乃鄰居瑣事，周朝章之被控傷害及妨害自由，經王××後來審判結果，所受處分亦不過拘役三十日，且准易科罰金，（如附件三）此項輕微情節，王推事在審理之初亦應知之，乃因所求不遂，竟濫用職權，將周朝章羈押達二十六日之久，蹂躪人權，殊屬不合，自應提案彈劾以申法紀而儆來茲。

提案委員　陶百川

五月三十一日

不得以「逃亡串供之虞」濫權羈押

——對一位檢察官的彈劾案

案由：爲屏東地方法院檢察官許逸明濫用職權，蓄意違法羈押《臺灣日報》記者劉美綱，不特有虧職守，抑且涉嫌刑責，爰予依法彈劾由。

查臺灣屏東地方法院檢察官許××，濫用職權，蓄意違法羈押《臺灣日報》駐屏東記者劉美綱，業經調查明確，爰將該員違法瀆職之事實及應予彈劾之理由分敘如下：

事實

民國五十五年五月十九日，《臺灣日報》刊載屏東縣訊，報導該縣議會開會時，議員數人於質詢時指摘縣政府教育科長陳漢宗「顢頇無能」，「推銷書刊，可能科長也有蠅頭小利」，「科長還坐在象牙塔裏做夢，吃了花酒，還要遊大貝湖」，「晚上還到高雄跳舞……」等語。陳漢宗以上項文字，損害其名譽，同年十月十九日，具狀向屏東地檢處控告《臺灣日報》發行人夏曉華誹謗。該案分由檢察官許××偵辦。許定期於十一月十五日票傳夏曉華到庭應訊，夏因故不克親往，委託該報駐屏東記者劉美綱代理。

是日上午十時三十分開庭，卷載許檢察官就該案與劉美綱有如下訊問與答覆：

問：（劉美綱）今日陳漢宗告夏曉華侮辱的新聞報導是誰寫的？

答：是我寫了稿送到報社。

問：內容是否如報上所載？

答：是的。

問：你如何知道報上所載的內容？

答：五月十八日我在議會聽議員質詢時記下來的。

問：你報導這內容有其他目的？

答：絕對沒有。

許員再問陳漢宗。其問答如下：

問：（陳漢宗）劉美綱說他是根據議會議員的質詢，當時議員有如報上所載的質詢與指責？

答：質詢是有的，但並不如報上所載的如此毒辣。

問：劉美綱說是他寫的稿。

答：我要告他。

問：議會詢問時有錄音？

答：有。還有對東大中學的質詢不是對教育科的，他也寫上去。

訊問至此卽告結束，許檢察官未作其他宣示，僅在點名單劉美綱名下批寫「有逃亡串證之虞應以覊押」字樣，交與法警後卽退庭。劉美綱步出偵察庭時，猶欣然以為無事，向他報駐屛東記者招呼：「沒有事了」，豈知法警立卽將其拘押，午後領到覊押票後，將其轉送至看守所。因押票載有「禁止接見」，劉與外界完全隔絕；又以看守所午餐時間已過，未得進食。

他報駐屛東記者見事態發展至此，卽轉告《臺灣日報》駐高雄特派員王兆鈞，王於當日下午約同《中華日報》記者陰谷清及郭志等，訪晤屛東地檢處首席呂玉介說明劉美綱不應受覊押之理由，請予釋放。一面報告《臺灣日報》發行人，經派該報駐臺北記者訪晤高院首席周旋冠，請求救助。周首席卽以電話通知屛東地檢處呂首席，囑迅卽查明案情，如無必要，應卽准其保釋。呂首席表示遵命辦理。

次日上午十時許，該處已自議會借到該次會議時議員發言之錄音帶。許乃提劉美綱到庭，共同聆聽，至中午十二時後，錄音尙未放完，許檢察官返寓，劉則還押，又以誤時，未食午餐。下午三時許，呂首席在辦公室向檢察官表示劉美綱不應受覊押，著令撤銷，許稱「做不到」，於是呂條諭將該案轉與何檢察官汝政接辦。何接辦後卽為雙方調解，陳漢宗允卽撤回告訴，劉美綱於驚懼饑餓之情況下，亦允登報道歉，至此全案終結，劉方恢復自由。

上述種種經過情形，有屏東地檢處五十五年度偵字第四〇七七號案卷，臺灣高檢處五五年度他字第九九二號案卷及本院調査資料，足資證明。

理　由

刑事訴訟法第一〇一條規定：「被告經訊問後，認有第七十六條所定之情形者，於必要時得羈押之」。第七十六條之原文爲：「被告犯罪嫌疑重大而有左列情形之一者，得不經傳喚逕行拘提：一、無一定之住居所者，二、逃亡或有逃亡之虞者，三、有湮滅、僞造、變造證據或勾串共犯或證人之虞者。四、所犯爲死刑無期徒刑或最輕本刑爲五年以上有期徒刑之罪者」。

依據上引條文，法院羈押被告，必須具備四種要件卽：一、須經訊問之後，二、被告犯罪嫌疑重大，三、須有羈押之原因，四、須有羈押之必要。缺乏任何一項，其羈押卽屬違法，而許檢察官之羈押劉美綱，顯不具此等要件。

羈押所以必須經過訊問，乃爲發現眞實。但如訊問過於草率，便無發現眞實之可能。許檢察官之羈押劉美綱，雖經訊問，然因過於簡略及草率，故對被告犯罪嫌疑之是否確甚重大以及羈押之是否確有必要，難謂已有適當之了解。如此輕率之羈押處分，殊屬蔑視人權，違背職責。

復査劉美綱爲陳漢宗所控告者，當爲刑法第三百十條第一項之誹謗罪，卽「意圖散布於衆而指摘或傳述足以毀損他人名譽之事者」。但按報社一般外勤記者所送稿件，未必全供發表之用，其中常有爲僅供報社參考而寫者，此項參考消息，自始卽無散布於衆之意圖。故劉美綱雖已承認撰稿，然許員仍應就是否有「意圖散佈於衆」一點加以查訊，始足認定是否有此罪嫌。乃許檢察官對此並未訊問，遽卽認定劉美綱犯罪嫌疑重大，自太輕率。

且同條第三項規定：「對於所誹謗之事實證明其爲眞實者不罰」，同法第三百十一條又規定以善意發表言論，而對地方會議之記事，爲適當之載述者不罰。凡法律規定不罰者，但應爲不起訴處分，自更不許將其羈押！乃許檢察官就劉美綱涉嫌誹謗之事實是否眞實，是否出於善意，其載述是否適當，一概不問，是其誹謗罪之前提猶未具備，而卽認爲罪嫌重大，非押不可，寧非濫用職權！

又查許檢察官於實施羈押時，所持之理由爲「有逃亡串證之虞」。所謂有逃亡之虞，必須事實上足認被告放後確有逃亡之危險，自非漫無限制（23抗一〇六判例）。就事實而言，劉美綱被控之罪他日縱使成立，其最重刑亦僅爲一年以下之有期徒刑，且通常僅科罰金。而劉旣有正當職業，在屏有一定住所，復有家室妻子，在臺灣治安情況上，謂將爲此小事而逃亡，實與客觀常識殊不相符。且劉果有畏罪逃亡之企圖，大可不作夏曉華之代表到庭應訊，更何必當庭自認撰稿！

所謂串證之虞，許檢察官亦難自圓其說。卷載在該案偵查時，原告被告雙方均未提供人證，偵證之虞已屬無據。據許員稱，是爲防止劉美綱與議會發言議員串證。第查許檢察官當時已知議員之發言，議會存有錄音帶，已知議會有專人負責保管，不虞劉美綱之串證。且許員當日及次日並未傳訊任何議員，而僅調取錄音帶，是其所謂防與議員串證云云，自係事後辯解，不足採信。

準此以論，劉美網應受羈押之原因尚不存在，自更無所謂必要。

查民國二十二年司法行政部第一四八三號訓令開：「近查各法院推檢對於刑事被告是否合於羈押之條件及有無羈押之必要，並不審愼考量，藉口逃亡串證或嫌疑重大，濫行羈押，以致被告有無犯罪，尚不可知，已感受束縛身體之苦，所舍充塞，病亡時聞，感化未施，惡習已染，其結果不予起訴或宣告無罪者，固已受累匪淺，即科處短期之自由刑者，羈押日數亦每有超過刑期之事，不特與刑事政策有關，抑亦非保護人權之道。嗣後各該推檢對於刑事被告應否羈押，應負責切實認定，對於羈押中之被告，並須厲行保釋責付辦法，其情節輕微之偶發犯，尤不宜輕於羈押」。

部頒「辦理刑事訴訟案件應行注意事項」第十九項規定：「對於被告實施羈押，務須愼重將事，非確有刑事訴訟法第七十六條之情形，且認爲有必要時，不得濫行羈押。有無上述之情形與必要，自應先行訊問，經訊問後，縱有同法第一百零一條之情形，亦得不予羈押，逕命具保或責付。至第七十六條所謂之犯罪嫌疑重大，係指其所犯罪確有重大嫌疑而言，與案情重大不同。第一百零一條所謂必要時，本係抽象之規定，得由推檢隨案認定，尤應愼重考慮，不得藉口罪嫌重大而有逃亡或串證之虞，濫行羈押」。

歷年以來，各級監督機關，無不重申此旨，即在五十五年四月及七月，司法行政部尚以臺55

令刑㈡字第一七六一號令及臺55令刑㈡字第四〇二三號令，分別飭知各屬檢察官：實施覊押對於被告之身體自由關係至鉅，務須切實審愼辦理在案。

一、許檢察官對上述之法律及命令自非不知，而仍故意違反。十一月十六日下午三時屛東地檢處呂首席向其明示覊押劉美綱之不當，著令釋放，許員竟稱「做不到」。後對本院調查委員亦自承：「我的決定或者太嚴苛一點」。益足證明該員不獨違背法院組織法第三十一條「檢察官服從監督長官之命令」暨公務員服務法第一條第二條第六條之規定，應負其行政上之責任，且亦觸犯刑法第一百二十五條第一項第一款有追訴職務之公務員濫用職權爲覊押之罪嫌。

綜上論結，許××身爲屛東地方法院檢察官，濫用職權，蓄意違法覊押被告，蹂躪人權，自屬知法犯法，難予寬宥，亟應依法提案彈劾，以重人權而伸法紀。

提案委員　丁俊生　陶百川

一月二十三日

管訓處分、流氓取締和違警罰法

管訓處分的法律和實施問題

民國四十八年的監察院對司法行政部的年度巡察，由我和劉委員永濟二人擔任。我們在巡察報告中對管訓和保安處分的許多弊害提出批評。在年度總檢討會議，我更以書面陳述意見如下：

保安處分爲矯正犯罪惡習，防止再犯及維護社會安全之良好制度。年來各法院對於一般犯罪之報告，合於刑法上保安處分規定者，或戡亂時期竊盜犯贓物犯保安處分條例規定者，或戡亂時期監所人犯處理條例規定者，均宣告保安處分，而臺灣警備總司令部亦常依據違警罰法第二十八條逮捕流氓，予以管訓。兩項合計三千三百餘人，其數幾相當於目前各監獄執行徒刑之受刑人。但其執行期間有長至七年者。查監獄有監獄條例、監獄行刑法、行刑累進處遇條例等法律作爲依據，而保安處分場所之組織及執行程序，尚無完整之法律可資適用，此對被執行人之權利自有妨害之虞，亟應由主管機關擬定保安處分場所組織條例及保安處分執行法等法案，完成立法程序。公布施行。

一

後來王委員文光向監察院司法委員會提案調查各保安處分執行場所，該會在五十年向行政院提出一個糾正案。全文如下：

本院於調查臺灣省各保安處分執行場所後，認爲次述各點，應予提案糾正。

一、查戡亂時期竊盜犯贓物犯保安處分條例第十三條規定，本條例所規定感化教育及強制工作處分執行場所，由各省政府設立。臺灣省政府卽依此規定，設置職業訓練總隊三總隊，以執行強制工作處分，另設少年輔育院三所，以實施感化教育。此項措施，相當於刑法上之自由刑，均爲對於人身自由之限制。其執行機關之組織及執行程序，依法必須以法律定之。玆查職業訓練總隊及各少年輔育院之組織及有關執行之法規，均由主管機關以命令定之，殊有未合。應卽由主管機關比照監所組織及有關行刑法規，擬具法案，送經立法程序公布施行。

二、流氓之管訓，對社會秩序，誠具有維護作用，爲當前維持本省治安之必要措施，惟事關人權，必須依照法定程序辦理。現行臺灣省戒嚴時期取締流氓辦法，係行政院於四十四年十月間以命令施行。其第三條所定之流氓標準，殊欠明確，適用時易滋矇混。其依據違警罰法第二十八條所規定之矯正處分或令其學習生活技能，送交職業訓練總隊施予強制工作處分，其法律依據亦嫌牽強。查此項六個月爲一期並得繼續執行之管訓辦法，實無異長期自由刑之執行，自應有明確之法律依據，且應以法律明文規定其行爲之標準及裁定程序並予以申辯之機會，庶可就維持治安及保障人權之立場，同時兼顧，以免包庇或報復。故現行辦法實有完成立法程序之必要。

三、感化教育，依照戡亂時期匪諜交付感化辦法，其期間爲三年，於判決或裁定時諭知之。懲治叛亂條例第九條第三項並規定感化教育不得延長；認爲無繼續執行必要者，得免除之。匪諜交付感化辦法第十五條更規定受感化人經考核其思想純正，行狀優良，有悛悔實據，無繼續執行必要者，得於感化期間屆滿前，由感化教育處所層轉交付感化機關核准保釋。但詢據生產教育實驗所負責人稱，數年來均無期前辦理保釋情事。足見該所對於受感化人有無繼續執行之必要，未能認眞考核。且有於感化教育執行期滿後又送往職訓總隊執行強制工作處分者，實係變相延長刑罰，實屬非法。嗣後辦理感化教育機關，自應切實依照交付感化辦法第十五條規定處理，以資鼓勵。

四、竊盜犯贓物犯之強制工作處分，應注意人犯之生活技能訓練，但各職訓總隊因經費所限，缺乏工場設備及專業員工；致未能認眞辦理職業訓練。應由臺灣省政府增撥經費，俾得充實設備，羅致專業員工，加強技術訓練，以宏保安處分之效能。

以上各點，請由院移送行政院促其注意，爲適當之改善，與處置。

二

行政院在五十二年六月二十八日答覆監察院。原文如下：

一、前准貴院五十年二月九日監臺院機字第二五六號函，以臺灣省各保安處分執行場所有關執行法規及設備，查有未合，應予糾正一案，囑查照注意改進等由。

二、經即轉令司法行政部國防部臺灣省政府分別改善，並一一研擬具報，玆據先後呈復辦理情形到院，爰將改善及研辦情形列表函奉，敬請查照爲荷。

附：改善及研辦情形表

糾正案內容	改善及研辦情形
一、職訓總隊及少年輔育院之組織及有關執行法規應擬具法案完成立法程序部分。	關於臺灣省少年輔育院之組織，前曾由本院擬訂「省立少年感化院組織通則草案」於四十七年三月十八日函送立法院審議在案。 關於職訓總隊之組織，其經費雖由臺灣省政府負擔，惟其員額編制及指揮系統均屬諸臺灣警備總部，已轉飭研辦。
二、管訓流氓有完成立法程序之必要。	取締流氓，係依照「臺灣省戒嚴時期取締流氓辦法」之規定辦理。該辦法完全爲程序規定，凡觸犯軍法者，送由軍法機關審理，觸犯司法者，送由司法機關審理，違反違警罰法者，送由警察機關處理，對於有違警習慣之惡性流氓，採逐案取締方式，凡有前科或遊蕩懶惰而有違警習慣經臺灣警備總司令部核定有案之惡性流氓，如再有違警行爲，除由該管警局裁決違警處分外，並照違警罰法第二十八條之規定裁處矯正處分，解送臺灣警備總司令部職訓總隊施以矯正處分。至現行取締流氓辦法有無制定法案之必

	要，正由司法行政部等機關研擬中。
三、生產教育實驗所對受感化人未按「戡亂時期匪諜交付感化辦法」第十五條規定處理。	關於感化教育處所對於受感化人有無繼續執行之必要，未能認眞考核，且有於感化教育執行期滿後又送往職訓總隊執行強制工作處分者，實係變相之延長，業飭嗣後切實注意。所提未按交付感化辦法第十五條規定處理一節，業飭據臺灣警備總部呈報，以該部歷年來對感化犯之有關考核處理，係依照聚點爲面，合面爲體，及積時爲恒之原則，訂定辦法愼重辦理。在戡亂時期匪諜交付感化辦法於四十六年五月四日頒行前，該部對原裁定單位於感化人犯執行指揮書內，註有「得視其成績隨時易付保護管束者」，一經考核其思想純正行狀優良有悛悔實據無繼續執行之必要者，均由考核單位主動依據考核結果報請提前結訓。自四十一年起已提前結訓離隊者計有劉普濂等二十一名在案。
四、竊盜犯贓物犯之強制工作認爲各職訓總隊缺乏工場設備及專業員工，應由臺灣省政府增撥經費，充實設備，羅致專業員工。	經飭據臺灣警備總部復稱：各職訓總隊每年生產收入，係按照生產基金分配辦法規定，以百分之四十集中使用，擴充生產教育設備，(包括木工編織縫紉及農場等)，並指定專業人員負責指導。惟因限於經費，有待充實，正向臺灣省政府洽請增撥經費，俾盡力改善。

三

行政院覆文在監察院擱置二年，五十二年十月九日我因朱秀璋等的申訴，重提舊事，並向監察院院會提案如下：「治安機關為維持公共秩序，確保社會安寧，將流氓捕送外島管訓，用意甚善。但因該項取締辦法所規定之標準過於含混，手續過於簡略，審核過於粗疏，以致基層經辦人員易於乘機挾嫌報復，或受人利用，以蒙蔽上級，誣陷善良。邇來迭據臺北朱秀璋，桃園卓秉治，花蓮廖洪周及高雄陳賽雄等向本院申訴，觀其情節，似應加以糾正，並對拘捕管訓等辦法及手續，督促改善，以重法治，而安人心。是否有當，請討論案」。院會議決：交國防司法二委員會處理。

十一月三十日國防司法二委員會舉行聯席會議討論：「關於院會交議陶委員百川等提流氓取締辦法規定標準含混易生流弊似應加以糾正，及行政院函復本院前糾正臺灣省各保安處分執行場所有關執行法規及設備未合兩案」，經決議：「推請陶委員百川王委員文光調查研究」。

王委員和我，現已著手調查，對象有如左述：

一、朱秀璋等十人所呈訴的被冤情形，是否實在？（其中五人經初步查悉絕非流氓，而因與廠方利害衝突，致被以流氓罪名移送管訓）。

二、行政院在對監察院二年前糾正案所提出的改進辦法，年來執行情形如何？效果如何？

三、視察管訓場所，以期發現有無尚待改進之處。

四、移送管訓的手續太隨便，法律依據太薄弱，以致流弊叢生，應如何設法補救？

四

最近我有一信致警務處張處長國疆，與本文有直接關係，茲錄原文和附註如下：

涵生先生處長勛鑒：茲有金屬礦業公司被解僱技工朱秀璋君家屬來院哭訴，謂：朱君突被臺北縣警察局羈押。並謂朱君因檢舉金砂竊案，協助保二總隊破獲，該案業經法院起訴判刑。朱君可謂有相當貢獻。但竟處此遭忌，被金屬公司以曠工爲由，將其解僱。此次被押，與解僱案如出一轍等語（附註）。經百略加調查，知因過去輕微違警事件，被臺北縣警察局裁定移送外島管訓。百因辦案關係，僅與朱君談話一次，所知本不甚多，但渠檢舉並協助貴處偵破竊金巨案，在此大家怕事但求自保之滔滔濁流中，朱君見義勇爲，不失爲一好人好事，因此失業，已甚可憐，殊乖公道，今尊屬人員又以細故，將其移送外島管訓，究竟是否合理，是否合法，百職司監察，對人民之正當申訴，不能置之不理，用特函請惠予注意。如果辦理不合或執行過當，似應及時糾正，以保人權，而安人心。邇來尊屬員警有因涉嫌報復，有因受人請託，利用輕微違警事件，將哀哀小民移送外島管訓，日前曾有兩案函請先生親賜注意，並候　示覆，朱案經百調查所知，更有請求　貴處特加注意查覆之必要。擬乞將處理情形詳爲示覆，以便決定應否提報本院處理。

（下略）

（註）：關於朱秀璋君被金屬礦務公司解僱案，朱君在被捕前曾向監察院申訴，現由張委員調查，尚未結案。據朱君聲稱：渠係金屬公司工人代表，去年年底，曾爲年終獎金向公司交涉，公司當局因而對渠頗不滿意。朱君又謂：該公司礦工集體盜取大量金砂案，經渠向保二總隊告發後，該總隊會請朱君協助偵破，朱君即請該總隊趙總隊長報告該公司當局請准朱君前往協助，趙即照辦。該案經朱君奔走調查十三日，全部案犯十餘人俱被緝獲，現已判刑。但該公司當局卒以曠工爲理由，將朱君解僱。保二總隊會去函爲朱君辯護，該公司不允收回成命，反請保二總隊爲其安插工作。朱君乃向監察院申訴。

流氓取締辦法應如何改進？

有關流氓取締等案的調查報告

奉本院(52)監臺院調字第三二四二號函派調查流氓取締辦法標準含混，易生流弊，以及黃朝宗等先後訴稱冤被管訓，請予昭雪，又行政院對本院前糾正臺灣省保安處分執行場所有關執行法規及設備未合案，未能確實注意改善等由一案，遵經前往行政院，警備總司令部，國軍退除役官兵就業輔導委員會，板橋職訓第一總隊，臺東職訓第二總隊，小琉球職訓第三總隊，臺灣省生產教育實驗所，臺北市警察局，臺北縣警察局，宜蘭縣警察局，花蓮縣警察局等機關調查。嗣百川出國考察，未能繼續辦理，文光雖仍續加注意，然未便單獨處理，且行政院對本院糾正案未能卽時制訂辦法，迅予改善，以致不能早日提出調查報告，合先陳明。

一

本院發交余等併予調查之有關流氓取締之人民書狀有左列各件：

一、黃朝宗案：黃朝宗在臺北市經營飲食業三十餘年，爲攤販業代表。於五十二年九月四日被捕送外島管訓，依法向法院請求提審，但被駁回。據臺北市警察局卷載該民於自宅設娼圖利，經查獲裁決拘留罰鍰等十數次，惟被罰者多爲其妻，而其妻則未受管訓。

二、葉耀華案：葉耀華於五十二年九月四日被捕送小琉球管訓。據臺北市警察局卷載葉民警校畢業，因犯瀆職罪僞造文書罪判處徒刑有案。自四十二年起其妻開設私娼寮，五十二年七月十二日經警取締，葉民拒不開門，高呼妓女等遠逃，同年九月四日被捕管訓。經查除其妻及妓女違警外，該民本人並無違警紀錄。

三、斐殿揚、郁敬之案：斐殿揚爲臺北紡織公司福利委員會委員，郁敬之爲福利社主任，因向廠方爭取福利，爲該公司總經理等所不滿，五十二年七月二十六日被臺北縣警察局以侮辱總經理等嫌疑捕送外島管訓。

四、朱秀璋案：朱民原在臺灣金屬礦業公司任技工，檢舉員工竊取金砂，並協助保警第二總隊偵破該案，並因爭取年終奬薪，因而遭忌，被該公司以曠工爲由，將其解僱，臺北縣警察局乃以其與友人賭博爲由，捕送外島管訓。

五、鄭孟蓉案：據瑞芳警察局卷載該民因賭經二次違警處罰，但該卷所載對現實不滿云云，則毫無證明。

六、許坤良案：許坤良被臺北地方法院以恐嚇礦主林傳金判處拘役四十天，五十二年九月十八日汐止警察分局以賭博拘送外島管訓。

七、方俊清案：方俊清在宜蘭蘇澳鎭南方澳經營麵攤，五十年七月向管區警員陸英民索討麵食債款結怨，後被該警員以與縣民林松壽互毆爲由，捕送分局拘留六天，旋又捕送管訓。

八、廖洪周案：廖洪周以捕魚爲業，於五十二年六月三日被捕轉送臺東縣管訓。據花蓮警察局表示靖民案規定取締範圍較廣，其實廖民尚未具流氓條件。

九、卓秉治案：桃園大溪警察分局光華派出所主管宋貴順盜伐國有林班，私酒牟利，經人檢舉，卓民出而爲證，該主管懷恨於心，迭造卓民傳佈政府缺點等罪名，送外島管訓。

十、藺良佐案：藺良佐退役後在屏東市擺設麵攤，五十二年六月在靖民案中被捕送外島管訓。

十一、郭英完等九人案：彼等皆係退役軍人，五十二年五月被警察機關在靖民案中捕送外島管訓。

上列各案涉嫌人民經余等調查後，卽由警備總部陸續釋放。

二

但有左列各項情形，余等認爲必須迅加改善：

一、一部分基層警員挾嫌誣報，亦有串同上級人員受工廠當局或地方有勢力者請託，將其厭惡之人作爲流氓，誣報管訓。

二、縣市取締流氓小組根據基層警察機關所送資料加以審查，時間匆促，方法疏略，有以半日審查核定數百件者，殊嫌過於速辦速斷，以致造成寃抑。

三、流氓定義依據取締流氓辦法第三條之規定本有七款，即：1.非法擅組幫會招徒結隊者。2.逞強恃衆要挾滋事或佔據碼頭車站勒取陋規運費搬者；3.武斷鄉曲，欺壓善民或包攬訴訟者；4.不務正業，招搖撞騙或包庇私娼者；5.曾有擾害治安之行爲未經自新或自新後仍企圖不軌者；6.曾受徒刑拘役之刑事處分二次以上仍不悛改，顯有違害治安之虞者；7.因遊蕩或懶惰而爲違警行爲之習慣者。但事實上各地警察機關往往任意擴張，故連「侮辱總經理」及在家打小牌等皆被用爲構成流氓之條件，無怪「流氓」愈來愈多。

四、流氓案件在縣級審核時不使涉嫌人有申辯機會，缺席裁決，殊不公平。

五、治安機關所憑基層警所片面之辭裁定某人爲流氓後，並不通知該涉嫌流氓知所戒愼及悛改，而逕令由基層警所遇案逮捕，可謂「不敎而誅」。

六、人民一經被列爲流氓，基層警所卽得以極輕微之違警行爲將其逮捕管訓。該項違警行爲共有八十九項之多，卽違警罰法第二章第三章第五章及第七章之規定，其中包括車馬夜行不燃燈火，在家打牌，汚濕他人衣服等。

七、涉嫌流氓被逮捕時，執行機關並不將違法事證告知該被捕人及其家屬，俾便申訴，故被捕人等對其涉嫌事證始終茫然，殊屬不合。

八、被管訓者即使在管訓期間幸而獲知涉嫌事由，但因早已逾越五日之限期（違警罰法第四十二條）根本不能提起訴願。

九、管訓期間並無一定限期，而事實上有超過四年者。（補註：後知爲五年）

十、管訓宗旨重在學習生活技能，但各管訓處所之工廠設備類多簡陋不堪，無法達成訓練生活技能之任務。

三

余等就上列各項，與警備總司令部陳總司令及行政院嚴院長交換意見，彼等亦認爲有注意改善之必要。嗣由行政院指定政務委員約集有關機關就現行臺灣省戒嚴時期取締流氓辦法之執行，研提改進措施五條，於民國五十四年八月二十四日令飭國防部、內政部、司法行政部及臺灣省政府遵照辦理。內容如下：

一、縣市級治安單位對於交查或被檢舉之流氓審查，應根據確實資料。其初審結果，應檢卷連同證據呈報省級審查，根據再審查結果，分別處理。

二、流氓在被列册前，應由當地警察分局長以上人員先予告誡，使能知所悛改，如再違犯，除觸犯刑法者應移送司法機關審辦外，其有依法得施以矯正或令其學習生活技能之必要者，在處理時，應予被處分人以申辯之機會，愼重裁決，並以裁決書送達被處分人。如其依違警罰法第四十六條規定提起訴願書，並應依同法第四十七條規定處理。

三、取締流氓應嚴守臺灣省戒嚴時期取締流氓辦法之規定，尤應儘量依同辦法第五條第一款之規定送交司法機關審辦。

四、流氓送交相當處所施以矯正或令其學習生活技能之期間，依裁決之期間，不得延長。如其成績優良，無繼續執行之必要者並應免除其剩餘期間處分之執行。

五、矯正或學習生活技能場所之設備，應由臺灣警備總司令部會商臺灣省政府寬籌經費予以充實改善。

上列改進措施第一條包含左列兩項：

一、「應根據確實資料」。此可視為針對前節第一項之補救辦法。但此僅為訓示規定，並無多大約束力量，似應請行政院令飭確實執行流氓取締辦法第九條規定：「如有挾嫌誣報者，應予依法懲辦」。

二、改進措施同條所規定之「其初審結果，應檢卷連同證據呈報省級審查，根據再審查結果分別處理」。此可補救縣市級一審裁決之草率，但為過去所已有，且成效猶未大著。

改進措施第二條包含四項：

一、「流氓在被列册前」即在省級審查裁決後，「應由當地警察分局長以上人員先予告誡，使能知所悛改」。此項規定可以補救前節第一、二兩項缺點，但此項程序多不能履行，似應改爲流氓在被列册時應予書面告誡，以示鄭重並便稽考。

二、「如再違犯……」此自指再度違犯取締流氓辦法第三條各款而言，而非違警罰法中其他違警規定。故警備總部取締流氓作業程序表中所列「合於違警罰法分則一、三、五、七章」卽予管訓云云，似屬不合。換言之，列册有案之流氓，必須再有流氓之行爲，卽所謂「如再違犯」，方得將其逮捕管訓，如果僅有其他違警行爲，例如前節第六項所述，則依違警罰法處罰可矣，不得逕送管訓。

三、申訴制度。原文爲「其有依法得施行矯正或令其學習生活技能之必要者，在處理時應予被處分人以申辯之機會愼重裁決，並以裁決書送達被處分人」。此一規定，意義不明。望文生義，則所謂「在處理時」，似指在管訓期間，余等以爲流氓案在縣市級初審時卽應通知該涉嫌人並准其申訴，審查小組應將其申訴與初審決定理由併送警備總部參考。至在管訓期內如有申訴，自亦應予受理。

四、訴願。原文爲「如其依違警罰法第四十六條規定提起訴願者，並應依同法第四十七條之規定處理」。此一程序，自係發生再犯而被捕時或被列册爲流氓時，但請注意該第四十六條第二項之規定其「前項訴願未經決定前，原裁定應停止執行」。此卽謂如果當事人在再違犯時，提起訴願，原裁定（逮捕管訓之裁定）應停止執行。

改進措施第三條所謂「應嚴守取締辦法」之規定，意在訓示執行人員不得任意擴張或羅織。故流氓之形成條件及所謂「如再違犯」之對象，應爲該辦法第三條之七款，不得擴張其範圍。

改進措施第四條規定；「管訓期間不得延長，如無繼續執行必要者應免除其剩餘期間之執行」。愼刑恤獄，應請各管訓機構切實執行。

改進措施第五條所稱之設備，據報已較前充實，但猶待撥款擴充。

四

此外，本院前以臺灣省各保安處分執行場所，有關執行法則及設備查有未合，曾提案糾正。後經函准行政院五十年六月二十八日臺50法字第三八九三號函復，其辦理情形如下：

本院糾正案第一項：「職訓總隊及少年輔育院之組織及有關執行法規，應擬具法案，完成立法程序」。行政院復稱：「關於臺灣省少年輔育院之組織，前曾擬定省立少年感化院之組織通則草案，於四十七年三月十八日函送立法院審議在案，關於職訓總隊之組織，已轉飭臺灣警備總部辦理」。但後者立法程序迄未開始。

糾正案第二項：「管訓流氓有完成立法程序之必要」。行政院復稱：「取締流氓係依照臺灣省戒嚴時期取締流氓辦法之規定辦理，該辦法完全爲程序規定，有無制定法案之必要，正由司法行政部等機關研擬中」。又據行政院抄送參考資料中記載各方意見如下：

一、現行取締流氓辦法，係行政命令，處理上每易發生困難，引致輿論之批評，倘能完成立法程序，當可使取締工作順利執行。

二、立監兩院對於取締流氓辦法完成立法程序問題，向甚表關心，屢次在質詢、糾正及檢討中提出，故完成立法程序，似爲勢所必需。但對取締流氓問題，亦有甚多不同之見解，社會一般人士對之亦多批評，故送立法院審議時，下列兩點值得顧慮：

1.有人認爲現行取締流氓辦法不符憲法上對人身自由保障之規定，倘制定法案，送立法院審議，在審議時有此論調，將影響人民對取締流氓措施之觀感及今後之取締工作。

2.萬一不能獲立法院之通過，流氓必益肆猖獗，基於治安需要，勢又不能不予以取締，將使政府立法及取締工作益感困難。

此案之立法問題現已由有關方面進行協調，尚待續商。

糾正案第三項：「生產教育實驗所對受感化人未按戡亂時期匪諜交付感化辦法第十五條規定辦理」，行政院復稱：「關於感化教育處所，對於受感化人有無繼續執行之必要未能認眞考核，且有於感化教育執行期滿後，又送往職訓總隊執行強制工作處分者，實係變相之延長，業飭嗣後切實注意」。

糾正案第四項：「竊盜犯贓物犯之強制工作，各職訓總部缺乏工場設備及專業員工，應由臺灣省政府增撥經費，充實設備，羅致專業員工」，行政院復稱：「經飭據臺灣省警備總部復稱各職訓總隊每年生產收入，係照生產基金分配辦法規定以百分之四十集中使用，擴充生產教育設備，並指定專業人員，負責指導，惟因限於經費有待充實，正向臺灣省政府洽請增撥經費俾盡力改善」，又上述改進措施第五條，對此亦有規定。

五

查流氓之取締，對公共秩序之維持，社會安寧之確保，實爲必要措施，本院向予支持。但因辦法欠妥，執行不當，以致利弊互見，前經本院提案糾正，兹又詳加調查，並承嚴院長及陳總司令等開誠商討，辦法已有改善，流弊可望減少，其尚待進一步改進之處，擬依本調查報告，酌予提案糾正。

提案委員　陶百川　王文光

五十五年十月十三日

取締流氓作業違法失職一例

彈劾案

查彰化縣芬園鄉民林炳耀，務農爲業，並無犯罪前科，乃五十五年四月二十五日，突被彰化縣警察局彰化分局逮捕，隨卽轉解東部警備總司令部職訓第二總隊管訓。林炳耀之母訴經之本院。本院向經辦本案人員彰化縣警察局彰化分局前刑事局員趙××、刑事警員林××、施××等查詢經過。據趙××答：本案係由警備總司令部彰化縣調查組派駐芬園鄉調查人員發現林炳耀欺壓善良，敲詐勒索，及殺人等無惡不作，乃經調查組轉報警備總司令部轉函臺灣省警務處發交彰化縣警察局辦理具報，經令交彰化分局派彼等三人遵照辦理（附件一趙俊賢談話筆錄）。但經本院查閱該局卷宗，得悉該分局五十五年一月十二日據芬園鄉舊社村村長楊自補之檢舉，卽已派刑警洪清海、施桂勳著手辦理，二月十八日復由刑事組指派刑警林仲智、施桂勳向原檢舉書所舉被害人楊自補等六人作成訊問筆錄，又於同月二十一日在芬園警察分駐所及楊自補住宅分向張生地等三人取得筆錄（附件二刑警施讞其等報告附抄件）。至警務處轉令查明辦理之令，該分局則在同年三月十五日始行奉到（見附件三彰化縣警察局卷）。彼時偵訊筆錄早經完成，並非如趙××所稱於奉令交查後始行辦理。該分局於奉到上開令文後，並未調查，即於同年二十四日將所謂林××不法活動調查資料表，呈經縣局轉奉警備總司令部以華靖字第二二〇二號令核准列管（縣局收文日期爲四月二十日）。四月二十五日彰化縣警察分局即以林××曾於三月十六日在芬園警察分駐所對值勤警員有不當言行，依違警罰法裁定拘留，當日解經縣局轉解警備總部職訓第二總隊管訓。

查本案所謂被害人楊自補、楊鐘祥、張生地等，均與林炳耀因案互控，纏訟多年，警方所列舉之不法事實，亦經法院不起訴或判決無罪在案。其中楊自補且以誣控林炳耀持刀追殺案，被臺中地方法院以誣告罪判處徒刑，雖經楊自補舉出證人芬園警察分駐所警員黃鼎迪等作證，經二審改判無罪，但原審法院檢察官復以警員黃鼎迪等僞證罪提起公訴（附件四），林炳耀被捕解送管訓時，正是黃鼎迪等僞證案件偵訊期間。

再查彰化警察分局自接受楊自補之秘密檢舉後，卽經秘密傳訊檢舉人，作成偵訊筆錄，並據以轉報警備總司令部核准列爲甲級流氓，並未依照行政院命令，將涉嫌不法事實告知被檢舉人，俾予申辯機會，對檢舉事項之是否確實，亦未調查，本院曾以此詢問承辦刑警隊員林仲智、施桂動：「你們偵訊以後，是否又派你們查證」？據答：「我們在警總調查組做的就是查證筆錄，以後沒有再查證」。又問：「在訊問時是否注意檢舉人中有無與林炳耀過去結有嫌怨」？答：「我們沒有注意到，因爲當時我們只奉命去做偵訊筆錄，偵訊以後，卽將筆錄簽請分局長處理，其他的事，我們都不知道」。

復向該分局辦本案刑事局員趙××詢問：「林仲智等在調查組取得偵訊筆錄以後，是否依照林炳耀的犯行，逐條再予查證」？彼答：「依照流氓案件處理程序，經過查有流氓情形者，卽將調查資料層轉警備總司令部核定，經奉准令核定後，卽予列管，必須該流氓再有違警處分及其他不法情事，始予以逮捕管訓。故在列管以前，依照規定毋須逐條查證。本案林炳耀最後一次違警，曾經訊問承認，並經依法裁定，始予以逮捕送請管訓」（見附件一趙俊賢、林仲智、施桂勳等談話筆錄）。

按行政院曾因本院之調查及糾正，對流氓取締辦法有所改進。五十四年八月二十四日並以臺五十四法字第六〇五一號令分行國防部、臺灣省政府、內政部、司法行政部，轉飭遵行。該令規定：一、縣市級治安單位對於交查或被檢舉之流氓審查，應依據確實資料。其初審結果，應檢卷連同證據呈報省級審查根據再審結果，分別處理。二、流氓在列册前，應由當地警察分局以上人員先予告誡，使能知所悛改。如再違犯，除觸犯刑法者應移送司法機關審辦外，其有依法得施以矯正或令其學習生活技能之必要者，在處理時應予被處分人以申辯之機會，愼重裁決，並以裁決書送達被處分人。如其依違警罰法第四十六條規定提起訴願者，並應依同法第四十七條之規定處理。乃據上引趙員等陳述，該分局處理該一流氓案件，僅傳訊檢舉人，依其所檢舉之情形作成筆錄（即所謂調查資料），呈報警備總司令部核准，即照流氓列管。對於檢舉人與被檢舉者有無挾嫌誣陷及檢舉事實是否確實，該分局皆不注意，亦未查證，更未依法先予告誡，使能知所悛改，亦未依法予以申辯之機會，愼重裁決，自更未予訴願之可能。依此情形，不獨楊××趙××及張××違法失職，即警備總司令部及警務處有關人員亦難辭疏忽之咎。

再以林炳耀違警事件而論，據卷附五十五年四月二十五日彰化警察分局偵訊筆錄載：林炳耀於三月十六日在芬園分駐所對警員謝承茂謂：伊與楊自補之訟案，謝與黃警員鼎迪兩次到庭證詞不符，不利於林等，其意係指謝黃兩警員僞證。又謂：伊弟弟之召集令送伊母不收，不是犯罪，因伊母不識字，不敢亂蓋章等語。按林炳耀與楊自補之訟案，警員黃鼎迪涉嫌爲楊自補僞證，業經臺中地方法院檢察處提起公訴，林炳耀之提及僞證，何能謂有侮辱之意。至謂其母因不識字不敢亂蓋章，更無不當。而依該筆錄之記載，並無其他不當言行。該分局遽以違警罰法第七十三條第一項第二款之規定，予以裁定拘留，並解送職訓總隊，顯爲欲達捕送管訓之目的而深文羅織。再據筆錄記載，林炳耀所謂違警行爲，係發生於三月十六日，而該分局必待其流氓列管案奉准核定之後，事隔一月有餘，始予訊問裁定，其爲欲達捕送目的而製造藉口，更爲顯然。此與流氓列管後再犯方得管訓之規定尤屬不合。

綜上所述，臺灣省彰化縣警察局彰化分局局長楊××，該分局前刑事局員趙××（現任該局和美分局副局長），辦理林炳耀流氓管訓案，濫用職權，陷害良民，蹂躪人權，依法應予彈劾。

該縣警察局局長張××處理該案，違反行政院令，侵犯人權，自係違法失職，應予一併彈劾。並由本院依監察法第十四條之規定，檢同副本函請行政院飭轉警備司令部、警務處及臺北市警察局，以後有關此類案件，務須依法審愼處理，不得藉口地方治安縱容所屬弁髦法令，妨害人權。林炳耀如仍在管訓中，並應卽予釋放，以伸法治。

提案委員 陶百川

五十七年一月八日

對被彈劾人申辯書的審閱意見

准本院秘書處轉送張××、楊××、趙××三員之申辯書副本二份及趙俊賢楊光炬二員之補充申辯書一份，均綜閱悉，茲依監察法第十六條第二項後段之規定，核提意見如左：

趙楊二員申辯書雖有兩套，然其補充申辯書中所列三點，無一不早在原申辯書中一一敍陳。例如第一點關於告誡者已詳見原申辯書第三頁第十五行至第十八行，第二點關於調查者，除指出三月誤爲二月外，已詳見原申辯書第二頁第三行至第七行，第三點關於黃警員之判決無罪者已詳見原申辯書第三頁第九行至第十一行。該項申辯意旨並不可採，當在下文詳加論例。特先說明。

綜觀張趙楊三員申辯書之意旨，不外複述林炳耀「爲惡劣分子，實無庸疑」以及該員等處理林案在程序上並無違失。此兩點俱甚重要。但百川認爲其申辯理由殊難解除其違法失職之責任。請申其說。

一、先論實體問題，卽林炳耀是否爲惡劣分子，亦卽是否爲流氓。查林案經被彈劾人等認定林炳耀有「殺人、恐嚇、勒索、詐欺等不法行爲十次」（四月二十五日彰化縣警察局致警總職訓總隊函）。果如所言，林某不獨爲警察犯，且應爲刑事重犯，彰化縣警察局何不早控之於法院！無非因該局明知該等罪名並無佐證。但無佐證何得在公文書中「信口開河」且其曾經涉訟者，已經法院不起訴或宣告無罪，並有經檢察官以僞證對林炳耀之相對人提起公訴者。此皆爲該被彈劾人等所明知，然仍以該等罪名爲理由將林炳耀列報管訓，雖經本院指摘仍復一口咬定，其執法之精神俱屬不當。

其實趙楊二員當亦知該等罪名不能成立，林炳耀並無前科，故意在申辯書中創爲怪論，謂：「至前科之有無，通常雖爲良莠之分野，但亦有無前科反愈顯其爲惡劣者」。執法人員如此深文周納，任意入人於罪，本院如何可以不加糾彈，以預防其再犯錯誤，並期其他執法人員知所戒愼，以後能依證據以認定事實，不再羅織武斷，信口雌黃。

二、次論程序問題。我國憲法第八條明定：「人民身體之自由應予保障……非由法院依法定程序不得審問處罰」。但本院以時值非常，不願將流氓管訓辦法遽指爲違憲，故在程序上特加注意，以執法人員審愼從事，毋枉毋縱，多年來迭經調查糾正，百川亦無役不從，彈劾案中所引之行政院五十四年法字第六〇五一號命令（以下簡稱行政院命令），在彈劾案中曾加引用），即其結果之一。然各級有關執法人員仍漫不經心，視若具文，爲挽狂瀾，故予彈劾（此爲本院第一次之有關流氓案之彈劾案）。茲就申辯各點加以指駁：

1. 調查問題。行政院命令規定審查流氓案必須「根據確實資料」。資料是否正確，必須經過調查，而調查必須查訊被檢舉人，聽其申辯，並須儘量調查其有關證據。但林案之調查，經辦人員僅詢問林炳耀之相對人，人數雖有九人，但申辯書亦承認俱爲「被害人」，其所答當然不利於林炳耀。但被彈劾人等並未就彼等指控各點，詢問林炳耀，聽其答辯，更未向他處求證，甚至已經法院查明平反之案仍聽控方片面之辭，武斷林炳耀「殺人、恐嚇、勒索、詐欺」，以便將其管訓，自係違失。

至補充申辯書指摘彈劾案將三月二十一日誤爲二月二十一日，自應更正，但並非如其所云：「爲本案最大誤會關鍵，致有『奉令前早經完成，奉令後並未調查』之誤解」。因經辦人員在奉令後僅爲傳訊九人中之三人，至其他六人之傳詢，申辯書亦承認係在奉令前即二月十八日，奉令後並未調查（趙楊申辯書第二頁第五行）。

且此項違失責任，警務處亦已查實。該處本年四月二日致本院之副本中有謂：「彰化分局前刑事局員趙俊賢刑警施桂勳、林仲智等調查林案僅調查被害人，未能詳查旁證，不無疏忽」（新附件）。其實應負違失之責者，何止趙施及林等三人而已。

2.告誡問題。行政院命令謂：「流氓在列册前應由當地警察分局以上人員先予告誡，使能知所悛改」。此項告誡，自須在流氓身分經警備總部再審決定以後為之。此一解釋，係以下列兩點為根據：

3.因行政院命令所定處理之順序為⑴縣市級治安單位先行審查；⑵呈報省級（由警備總部主持）再審查；⑶警總依據再審結果，命令警察機關將其列入流氓名册中；⑷分局以上人員在該流氓列册前先予告誡使能知所悛改；⑸……（行政院命令詳見彈劾案第三頁）。

4.彰化縣警察局卷中所附警總命令亦稱：「主旨：莠民林炳耀准列（册）惡性流氓，依法取締」。

申辯書雖謂：取締流氓林炳耀案，楊員已於五十五年二月間到芬園分駐所督導環境衞生時，適遇林某，已予當面告誡，當時在場者尚有所長杜文滿云云。然查告誡為重要步驟，該局卷宗應有此項記載，但毫無跡象，自難採信。且卽使如其所辯確已告誡，然行政院命令所規定之告誡必須行之於警總核定林炳耀為流氓之後，卽四月二十日彰化縣警察局接到警總命令之後。所以必須在核定為流氓之後再予告誡，乃為期其了解情形嚴重，知所悛改。且在二月間，卽使彰化分局長亦未知林炳耀為流氓。卷查彰化分局三月二十四日對彰化縣警察局呈報林炳耀有流氓嫌疑，呈文中稱尚未經流氓審查會議之審查，而僅係「先行將綜查情形報請鑒核」而已。是則二月間該楊員何得逕認林炳耀為流氓而予以告誡。此項武斷曲斷，本身已屬不法，自不能採為辯解之理由。

5.再犯方可管訓或矯正問題。依照行政院命令，流氓列册後仍望其能悛改，故不得逕予管訓。必須「如再違犯」，並「有依法得施以矯正或令其學習生活技能之必要」，方可管訓。如果不再違犯，或雖再違犯然尚無管訓之必要者，仍不得將其管訓。而此必要與否，應依照臺灣省戒嚴時期取締流氓辦法第六條：「其屬違警而有違警罰法第二十八條之情形，或曾有前科，或曾有違警處分而有妨害社會治安之虞者，送交相當處所……」，「愼重裁決」（行政院命令）。此項條件爲管訓流氓所必備。缺此條件而予以管訓，卽屬侵害人權，觸犯刑法。

依此規定，請看林案：

1.林炳耀在五十五年四月二十二日至二十五日卽流氓列册後至逮捕時之五日內並未有「再違犯」。彰化分局對林炳耀之違警裁決書載其據以處分及管訓事由之時間亦卽違犯之時間明明爲五十五年三月十六日下午四時二十分，其呈報彰化縣警察局及警總之公文亦皆明載其違警時間爲三月十六日。此三月十六日之違犯，顯非行政院命令所指之再違犯，林炳耀亦無其他違犯可認爲「再違犯」，故林之被移送管訓，自不能不認爲違法。違法裁決，自應撤消！

2.流氓經告誡及列册後雖有「再違犯」，然必須有違警罰法第二十八條之情形，卽「因遊蕩或懶惰而有違警行爲之習慣者」，或有前科，或曾有違警處分而有妨害社會治安之虞者，方得予以管訓，而林炳耀並無遊蕩或懶惰而有違警行爲之習慣，亦無前科，且未曾受違警處分而有妨害社會治安之虞，其被送管訓自係違法。

3.應予被處分人以申辯之機會及訴願之可能問題。此皆爲行政院命令所明定，但被彈劾人並未予被處分人以此項機會。卷查彰化分局裁決林炳耀違警處分之時間爲四月二十五日下午三點三十分，其處分爲拘留一天，而拘留應在該分局拘留所爲之。然林炳耀則於裁決後卽被送往彰化縣警察局，並立卽起解——解往臺東職訓總隊，次日卽解到該總隊，並取得其收據。「雖有君命，何其速耶」！自係該被彈劾人等存心虐待林炳耀，蓄意蹂躪其人權。如此做法——林炳耀一到卽訊，一訊卽決，一決卽解，如此匆促，如此草率，被處拘留之人竟不獲在拘留所居住，而在長途起解以前，在可能被管訓五年（馬正海卽被管訓五年）之始，竟不獲通知其家人而與其話別或對家事有所交代，——該被彈劾人等如此做法，謂爲已予林炳耀以申辯之機會，謂爲已予林炳耀以訴願之可能，其誰能信！被彈劾人等試各易地以處，試各設想已身爲林炳耀，君等其能認爲已受合法之待遇耶！已有申辯及訴願之機會耶！

至張員就其局長職責所辯各點，亦難採信。例如謂：「基於分層負責規定，廣恩不能違背規定，不重視各級人員職權」。但處理流氓管訓案件，非比一般違警案件，後者僅能處以拘留數日或罰金數十元，而前者則可管訓至五年之久，（例如馬正海。卽林炳耀亦被管訓兩年，尚未釋放），故一般違警案件，局長自不能過問，但流氓管訓案件，則法令規定須經縣市警察局審查呈報，局長自不能不管。張員又謂：「一般刑案亦係由分局逕行處理，自行移送」。但流氓管訓案件，則必須由縣市警察局審查、列報及移送，分局不得逕行處分，自行移送。此爲特別規定，張員豈能不知！且卷查三月十四日之查報命令，四月七日之列管呈報，四月二十日之核定通知及四月二十五日之移送公函，無一不由張員判行蓋章。縱使「未曾親自核閱」，然對此等當事人可被拘禁五年之重大案件，張員何可不親自核閱！何得謂無應任之咎！

三、結論。百川任職二十年以來，對警察人員之彈劾者尙爲第一次，無非因警察人員職司維持治安，極願加以支持，但流氓管訓案性質重大，而法令基礎薄弱，警察權力太大，故處分必須特別愼重。行政院既因本院之「千呼萬喚」及因前警備總部陳總司令大慶之重法愛民共同呼籲，而頒佈改進命令，乃因彈劾人等辦理林炳耀案就其調查、審查、告誡及裁決等程序，竟偏聽檢舉人片面之辭，不予林炳耀以申辯機會，有關證據亦不調查，審查時復草率敷衍，遽予呈報列管，在列册前又不予以告誡，尤其林炳耀並未再犯，而竟引列册前一月餘已經處理之舊案，作爲新犯及再犯予以管訓，裁決拘留處分未及執行，而立卽起解，嚴重妨害及剝奪違警人應有之種種權利，凡此皆係違反行政院該項命令，被彈劾人等之違失情形，自甚嚴重。本院若不予以彈劾，或彈劾而公懲會不予以適當懲戒，則縱容包庇，積非成是，行政院命令必成廢紙，而一般執法人員更將引爲口實，以爲只要以流氓論罪，以治安爲言，卽使誣良爲莠，蹂躪人權，亦不虞遭受處分，則風聲所播，執法人員辦案將更輕率，而流氓將愈管愈多矣，此百川所以叮嚀復叮嚀而不能已於言也。

提案監察委員 陶百川

致主管人員書

日前本院對彰化縣警察人員因其辦理流氓林炳耀違法失職予以彈劾，曾將案文抄請 詧閱，諒登記室。後晤吳副處長，知大部對該案頗表關切，擬交調查局等就林炳耀不法行爲重行調查，甚善其佩。但依行政院五十四法字第六〇五一號命令，流氓雖經檢舉、申辯、查證、審查、列册、告誡等手續予以核定列管，然尚不得將其卽行逮捕管訓；必須於列册及告誡後如再違犯，方可捕送。今林炳耀之獲咎，僅憑利害關係人片面之辭，未經申辯、查證及告誡等重要程序，依法已屬不合，其尤可注意者，乃爲 大部核准列管之命令到達彰化縣警察局係在四月二十日，而彰化分局作爲逮捕林炳耀理由之違警案件，則發生在一個月零四天以前卽三月十六日，而非爲四月二十日以後。四月二十日以後，林某旣無違警犯行，則其四月二十五日之被捕管訓，自係非法。非法行爲應予改正，故本院乃依監察法第十四條函請行政院令飭釋放。今聞大部擬重行調查，百川以爲除查明林某四月二十日前有無不當行爲外，尤須查明四月二十日至二十五日之五日內有無違警新行爲。如其無之，則林某四月二十日前之不法行爲卽爲查實，但仍應卽予釋放。如認爲必須管訓，亦應待其釋後如有違犯方可依法辦理。法令如此規定，林案不能例外。不知 卓見以爲如何。只因彈劾案關於釋放林某一點不及詳加說明，用亟補陳，以供參考。再者：流氓究非罪

四月十二日

犯，管訓時間不應過長。林炳耀之拘捕管訓，為時已超過二十一個月，即使一切依法辦理，亦應屆釋放時限，況其被捕根本違背法令乎！耑此佈意，請　恕率直。敬候　明教。順請

大安

陶百川　敬啓

一月二十五日

致某報董事長書

頃閱　貴報今日社論：「讓警察有力量對付流氓」，其標題已使弟震驚，迨拜讀全文，更覺雜感叢生。叨在知末，請略陳之：

一、本院此次彈劾案之對象僅為萬千警察人員中之三人，其事由僅為其處理林炳耀案之違背行政院命令，此與取締流氓案之法律問題、原則問題及權力問題，根本毫無牽連，自不得認為不讓警察有力量對付流氓。

二、流氓之被逮捕管訓者年有千餘人，其管訓時間有長達五年者，警察之權力已不可謂不大。本院雖數度調查，迭請改進，行政院及警備總部亦因本院之要求，有所改善，其中陳大慶前總司令之虛懷若谷，崇法愛民，尤可感佩。弟對此事雖無役不從，但尚未提案彈劾。此次對彰化縣警察人員之彈劾，乃因其違背行政院之改進命令，以期懲一儆百，確保該項改進命令之執行。

故吾人此時此地所當注意者，非爲警察權力之不夠大而應讓其有更大之權力，（因其權力已夠大矣），而爲其權力之不應濫用，並以彈劾案預防其濫用。若彈劾一案之警察而卽爲全體警察向監察院呼籲要「讓警察有力量對付流氓」，一若本院不讓或削弱警察有對付流氓之力量者，貴報之熱心及過慮，蓋有甚於當事人之警察者矣。

三、警備總部劉總司令之虛心及審愼甚可欽佩，彼在獲悉該彈劾案之第二日卽派主管人員來院訪弟，承告卽請憲兵司令部及司調局重行調查，該兩機關之調查人員昨已南下辦理。軍警當局頗知弟執法如山，但絕不輕率從事，故極重視該彈劾案，並速請第三者查證。此等明智作風，值得吾人加以讚揚。惟弟以爲卽使證明林炳耀確爲流氓，但其被捕管訓，仍係違法。此一論據，非熟悉法令者不易了解，用將彈劾案及致劉總司令函之抄本附供參考，並候明教。順請

大安

弟陶百川 敬啓

一月二十五日

違警罰法是否違憲？

監察院依照我和同人的意見以及院會的決議，在五十年八月二十日致函司法院，以關於違警罰法所規定主罰中的拘留罰役以及出版法第四十條和第四十一條對於出版品得予定期停止發行或撤銷登記等規定，是否違反憲法，請司法院解釋見復。全文如下：

一、憲法第八條規定：「人民身體自由應予保障……非由法院依法定程序不得審問處罰」。而現行違警罰法所規定主罰中之拘留罰役，則均係對於人民身體自由之處罰，且所有偵訊裁決處罰執行均由警察官署為之。按之上開憲法第八條所規定人民身體自由應予保障，非由法院依法定程序不得審問處罰之規定，似不無牴觸。

二、憲法第十一條規定：「人民有言論講學著作及出版之自由」。第二十三條規定：「以上各條列舉之自由權利，除為防止妨礙他人自由，避免緊急危難，維持社會秩序，或增進公共利益所必要者外，不得以法律限制之」。現行出版法第四十條及第四十一條所規定，對於出版品得予以定期停止其發行及撤銷其登記之處分，雖得解為對憲法第二十三條所規定「為防止妨礙他人自由，避免緊急危難，維持社會秩序，或增進公共利益之必要」而設之處分，但此項處分之權，均操之於省縣市政府及內政部，且其處分足以妨害出版人之營業與生存，其不經司法程序，而由行政官署直接爲之，難免擅專用事，使出版事業處於危殆地位，似與憲法保障出版自由之規定及精神相悖謬。且已超過憲法第二十三條規定之「必要」限度，並違反五權分立不相侵犯之精神。（而與憲法第八條「非由法院依法定程序不得……處罰」之規定，亦相牴觸。——這一句是我現在私加的。百川註，五十年十一月十日。）

三、查憲法第一百七十一條規定，法律與憲法牴觸者無效。法律與憲法有無牴觸，發生疑義時，由司法院解釋之。本案上述兩項有無違憲之處，相應函請惠予解釋見復爲何。

附註

該案關於出版法部份業經司法院解釋，認爲並不違憲，但關於違警罰法部份，司法院迄今尚在研究中。

按違警罰法規定，違警罰的主罰有拘留、罰鍰、罰役、申誡四種，從罰有沒入、勒令歇業、停止營業三種，涉及人民的自由、財產和工作權利，該法都賦與警察機關以裁決決定權。

於是論者：一、有謂該法公布施行於民國三十二年，那時我國憲法尙未公佈施行，現在憲法既已施行，該法不無牴觸憲法之處，故應改由法院依一般訴訟程序處理方爲合法。

二、也有主張倣照道路交通管理處罰條例，對於違警行爲可由警察機關裁決處罰，但違警人對裁罰不服者，可將現行得向上級警察機關訴願制度改爲得向地方法院聲明異議，由法院予以裁定，對地方法院的裁定不服者，得向上級法院抗告，但不得再抗告。

三、更有人主張可倣照現行財務案件的處理方式，對於違警案件由警察機關送請管轄的地方法院以裁定裁罰，不服裁定者可提起抗告，但不得再抗告。

就適應現時實際環境言，自以第二說較易實施，增加法院的負擔不多。第三說則法院須增加人員，恐不易辦到。至第一說則以違警案件性質究與一般刑事案件的刑事罰不同，自不能按照刑事訴訟程序辦理，以免增加人民的訟累。

聞大法官會議就監察院的聲請解釋審查結果，多數人認爲依照憲法，違警案件應由法院處罰，謝故院長並主張設立簡易法庭，有如交通法庭或財務法庭，受理異議案件。但因未得四分之三的法定同意，故事隔十七年，迄未完成解釋。

六十八年一月十八日

保安處分和司法保護

保安處分必須特別審愼

主席，各位先生：不久以前，曾經有機會和警務處馮科長談這個問題（保安處分問題）。馮科長對我說的情形和剛才說的情形差不多。當時我聽了以後，覺得有喚起法院承辦法官要多多宣告保安處分的必要，所以剛才我曾考慮想提案呼籲。後來把保安處分條例翻一下。我就開始踟蹰。因爲保安處分彈性很大，不獨法官，而且執行保安處分場所的主管，都有自由裁量的很大機會。今天假使督促法官，一定要儘量多多宣告保安處分，我覺得是否會形成矯枉過正。所以我暫不提案，想多多了解以後再提出來。現在黃委員提出這個案子來，我很贊成，尤其司法委員會決議今天邀請諸位首長來交換意見，我覺得這個問題將來可能會有一個適當的解決方針。

我現在把我最初對這事非常起勁，而後來又踟蹰下來的原因，很簡單的報告一下。查保安處分條例規定，保安處分是不預告時間的。對一個竊盜犯或贓物犯，除了判他有期徒刑外，究竟要他受多少時間的保安處分，法官既不宣告，於是執行期間可以長到五年，五年以後，還可再延長二年，就是可以長到七年，至少也要兩年。那個罪犯的本刑也許只判幾個月，而保安處分期間卻如此之長，所以必須十分審愼。而且一旦宣告保安處分，以後就由執行保安處分場所的負責人來放，假使那位主管主張延長，甚至動機只是要他多做幾年「義務勞動」，法院就不便將他釋放，於是便准其延長。

我方才看警務處的統計，這些竊盜犯有百分之四十四，都是無業，這就是一個社會問題，「饑寒起盜心」，不能全怪他本人。而一個無業的人假如家累很重，宣付保安處分後他的家庭一定更慘。因爲時間長短的彈性這樣大，我主張法官在決定時，應該特別愼重。

方才看警務處的書面報告，我覺得法院宣付保安處分的情形尚屬允當。因爲據稱去年竊盜犯被破獲一萬二千八百十九名，這可說是很高的記錄。我想臺灣幸而有警察那樣盡職，所以社會治安相當使人滿意。其中（戊）項特別提到保安處分問題，據稱有二千七百八十七名是常業犯，是慣竊，警察機關要求法院予以保安處分。但經法院審理結果，不起訴的五百十六名，佔有百分之一八點五一；無罪的九十九名，佔百分之三點五五；判刑而未併予宣付保安處分的，一千零八十九名，佔百分之三九點一○；判刑並併予宣付保安處分的六百七十一名，佔百分之二四點一一；其他（包括尚未審結）的四百十二名佔百分之一四點八二。但是大家認爲不滿意，要求法院多多宣付保安處分。理由已如上述，我則認爲有百分二四點一一卽六百七十一人，宣付保安處分，數目已不能說少了。

司法保護

保安處分無非把一個竊盜犯或贓物犯，多關幾年，與社會多隔離幾年，或爲保安處分場所多做幾年義務勞動，而且因爲限於資金和設備，未必能學到什麼謀生技能，對於他們的訓練和改造，收效不大。假使任意宣付保安處分或任意延長，必將種下仇恨的種子，爲害反而更大。我認爲有效的辦法是照顧他們出獄後的生活，而不要任意宣付或延長保安處分。

因此，五十七年八月十三日我向監察院院會提案，主張加強司法保護會的工作，以消弭竊風。原文如下：「本省竊風漸熾，幸警察之破案率亦高，但根本戢止之道，刑罰之外，尚有賴於保安處分及出獄人之司法保護，而後者尤爲重要。因保安處分卽所謂強制工作，期限至少爲兩年，可延長達七年之久，故只宜適用於慣竊。至於一般少年犯，初犯貧病犯或其他並無惡性或惡習而僅誤蹈法網者，則於刑滿之後應加以司法保護，例如輔導其生計，監察其生活，並予以必要之訓練救濟或資助，期其有路可走，無意再犯。但各地現有之司法保護會，經費困難，人手缺少，熱忱不夠，方法不善，殊難辦好出獄人之保護工作。用特提議派員調查，促其改善，庶幾可望刑期無刑，敬請討論」。

院會決議：交司法委員會併案辦理。

我卽席略作說明。

在好幾次院會以前，黃委員曾提出一個關於加強取締竊盜的案子，內容注意於保安處分。依照法律規定，所謂保安處分，主要是把竊盜犯在未執行刑期前，先去強制工作，多數是送到警備總部所辦的職訓大隊，少則二年到五年，必要時可以再延長二年，共爲七年。而其決定時間究竟應爲二年，三年或五年，七年，則在保安處分場所的負責人——警備總部的職訓大隊。當然，這種保安處分對於遏阻竊風不無好處，但若濫加處分，尤其對於初犯的竊盜或少年犯或一些順手牽羊的小偷，在判刑一年或一年半之外還要強迫他工作二年、五年、甚至六年、七年，這種情形，我覺得也有流弊。

記得前次司法委員會邀請警務處處長來報告的時候，他說，法院對於保安處分僅適用於慣竊，其他如初犯，少年犯及順手牽羊並沒有惡性惡習的小偷，照例是不加以保安處分的。但在離開職訓大隊監獄，讓他們自生自滅——所謂自生，是讓他自由自在，所謂自滅，是假使他的生活上發生困難，政府也不加救濟，這樣他難免還是做小偷。於是，國家另有一套辦法，叫做司法保護。

所謂司法保護，是一個日本名詞，乃是出獄人離開監牢後的生活保護制度。現在臺灣省有一個司法保護會，各地方都有分會，由高等法院院長、首席檢察官、省議會議長、省政府民政廳長、社會處長、秘書處的法制室主任和警務處長，還有幾位地方人士共同參加。其中有一個執行委員會，現有委員七人，高等法院院長、省政府民政廳長、社會處長、法制室主任都是當然委員，此外三人就人民委員中選出來。這是一個奇怪的組織既不像官方的機關，也不是人民團體，可以說是一個半官式的人民機構。

本來日本時代留下有相當財產，但因經營不得法，又沒有什麼經費收入，至今經費困難，人手不足。同時，我覺得現在司法保護會總會和各地保護會分會，除了經費人手不足外，熱忱也不夠，方法也不行，終致形同虛設。本來這種工作不容易做好，譬如章程規定，對於小偷離開監牢時，沒有盤費回去，就要給他一點旅費，假使他沒有職業，就要給他介紹職業，假使沒有技能，還要訓練他的技術，以後還要常去訪問他，使他不再犯罪。就是要以救濟、訓練、甚至貸放小額資本給他做生意，使他「有路可走，無意再偷」。我覺得這是基本的消弭小偷之道。至於對於有惡性惡習的竊犯，只照顧他生活還不夠，因此應該加重處刑。不過，據警務處統計，在二萬小偷中，有惡性惡習僅佔十分之一，另外的十分之九都是初犯，惡性不大，更應該用司法保護的方法去照顧他們。

人權侵害及其救濟

非法逮捕之提審的改進

我在四十六年十一月向監察院第五零七次會議提出下列一案：

行政院近因本院司法委員會一糾正案，規定軍法機關，對於應屬法院審判之案件，以後不得行使偵查逮捕訊問等權。此對人權之保障極有裨益。但仍擬請司法委員會繼續注意下列三事：一、軍法機關以外之軍事機關，是否有以司法警察官署之身分逮捕應屬法院審判之案犯？其逮捕是否皆有法院之拘票？二、軍法機關受理軍人案件及匪諜案件以外之案件例如依據懲治走私條例，受理走私案件，是否牴觸憲法第九條「人民除現役軍人外，不受軍事審判」之規定？三、法院依據提審法向非法逮捕機關提審人犯之執行情形及執行效果如何？有無違法失職情事？請討論案。

一

我卽席加以說明。我說：我覺得我們國家對於保障人民自由安全的法令，相當完備，並有一個很好的提審法。這個法理有四個二十四小時的規定。第一個二十四小時，是規定人民被任何機關逮捕以後，逮捕機關應該在二十四小時以內將逮捕的理由告訴本人以及本人指定的親友。就是逮捕的機關應在二十四小時以內除把逮捕的理由告訴本人外，還要問他告訴什麼別人例如他的太太，或某親友，那個機關就應馬上通知他太太或親友。如逮捕機關違反這個規定，要受兩年以下徒刑的處分。今天保防機關逮捕嫌疑人犯，是不是遵照這個規定在做呢？我們知道有些被捕的案子，他的家屬不僅二十四小時內不知道，甚至再多一點時間也不知道被什麼機關逮捕去了，那顯然違法了。

請看第二個二十四小時。被逮捕者的親友接得被逮捕的通知以後，可立卽向當地法院申請提審，法院接到這個申請書，依法律的規定，認爲顯無理由者，應於二十四小時內以裁定駁回之，如不服裁定，可向上級法院抗告。

第三個二十四小時。從前提審法規定逮捕機關接到法院提審通知，可以申述理由，拒絕接受。現在這一點已修正了，逮捕機關接到法院提審的通知，一定要在二十四小時以內，把所逮捕的人犯移送法院。假如由法官親往提審，並應立刻交付，沒有申辯的餘地。若不依法於二十四小時以內交付，要受兩年以下有期徒刑的處分。

第四個二十四小時是說：被捕的人如已被甲機關送往乙機關，應將提審通知立卽送與乙機關，後者應在二十四小時內將被捕者解交法院。

這個提審法實施的情形如何？要請司法委員會到法院詳查一番。有沒有應該提審的，有沒有准提審？或者提審以後，逮捕機關是不是遵照限期把人移送到法院？行政院權責研究委員會曾有一個調查報告，說四十五年六月以前，臺北地方法院出過四十一件提審通知，其中有一個案子的人是保安司令部逮捕的，但依照未修正的提審法拒絕提審，其他各案的執行情形，沒有談到，我們應當調查一下。

二

後來監察院的司法委員會依據我的提案派段克昌和金越光二委員調查，並由司法委員會依照調查報告，就提審問題成立一個糾正案。全文如下：

本院近向臺北、臺南、高雄等地方法院調查提審案件之辦理情形，計自四十五年一月起至四十六年十二月止，所有受理之七十九件提審案件中，被告經法院提到者僅一十九件，其餘各案，執行逮捕拘禁之警察機關均係以「已向檢察處聲請延長羈押」或「已移送檢察官偵查」爲理由，聲復法院。對於羈押之是否合法，及移送之是否如期，法院亦卽不予依法追究。

又查各警察機關常有用通知單，通知關係人限時應訊，應訊後又飭交保候傳等情事。查現行刑事訴訟法第二〇八條、第二〇九條、第二一〇條規定：司法警察及依法令關於特定事項，得行使司法警察職權之官署，僅係檢察官偵查犯罪之輔助機關，其職權限於調查犯人犯罪情形，並蒐集證據，移送該管檢察官辦理。如必須傳喚逮捕拘押人犯，除現行犯及經通緝之被告外，依法應持有傳票、拘票或押票。其接受被拘提或逮捕之犯罪嫌疑人，認其有羈押之必要時，應於二十四小時內移送該管檢察官。

憲法第八條第二項規定：「人民因犯罪嫌疑，被逮捕拘禁時，其逮捕拘禁機關應將逮捕拘禁原因，以書面告知本人及本人指定之親友，並至遲於二十四小時內移送該管法院審問。本人或他人亦得聲請該管法院於二十四小時內向逮捕之機關提審。法院對於前項聲請，不得拒絕，並不得先令逮捕拘禁之機關查覆。逮捕拘禁之機關對於法院之提審，不得拒絕或遲延」。提審法第五條規定：「法院對於提審之聲請認爲有理由者，應於二十四小時內向逮捕拘禁機關發提審票」。第七條規定：「執行逮捕拘禁之機關，接到提審票後應於二十四小時內將被逮捕拘禁人解交。如在接到提審票前已將逮捕拘禁人犯移送其他機關者，除卽聲復外，應將該提審票轉送移送之機關，由該機關於二十四小時內逕行解交。如法院自行移提，應立卽交出」。從上述各條規定，足見政府對於人民身體自由之保障，其應如何傳喚逮捕拘禁審問，各有關法規，均有極明確之規定，各機關自應切實遵照執行。

三

查各該執行逮捕拘禁之警察機關之「以已向檢察處聲請延長羈押」爲理由，聲復法院者，其行使職權之依據，係適用臺灣省司法機關與警察機關辦理刑事案件聯繫辦法之規定：凡遇有重大或疑難案件，警察機關對於經逮捕拘禁之被告，得向檢察官聲請延長寄押，通常以七日爲限。具有特殊情形者，並得延長之。但查憲法第八條既明定：人民因犯罪嫌疑被逮捕拘禁時，至遲應於二十四小時內移送該管法院審問。而被告有無羈押之原因及羈押之必要，依刑事訴訟法第一〇一條規定，在偵查中應由檢察官依職權認定之，自不得由司法警察機關轉予拘押後，又聲請延長羈押。同法第一〇三條更規定：「執行羈押，由司法警察將被告解送指定之看守所，該所長官驗收後，應於押票附記解到之年月日時並簽名」。羈押法第一條規定：「刑事被告應羈押者，看守所羈押之」。現臺灣省司法警察機關對於犯罪嫌疑人之逮捕，既未切實依照法定程序，逮捕後，又不於規定時間內移送法院審問，竟藉口「聯繫辦法」以聲請延長羈押，爲規避非法拘禁之依據，就司法警察機關言，實係侵越檢察官職權，就法院方面言，非違法授權即放棄職責，於法均有未合。而警察機關用通知單飭關係人到案訊問後，又飭交保候傳，尤顯屬違法。

四

基上事實理由，應予提案糾正之事項如左：

一、具有司法警察職權之官員，對於犯罪嫌疑人，如認爲有傳喚逮捕拘押之必要者，應切實依照法定程序辦理。如有違反，該管長官應即依法追究責任。

二、臺灣省司法機關與警察機關聯繫辦法中之聲請延長羈押規定，核與憲法、提審法、刑事訴訟法及羈押法各有關規定，均有違反，應請速予修正，以保人權。

三、法院及有關機關對於提審案件，必須切實遵照憲法及提審法規定辦理。

四、對於非法之逮捕拘禁案件，法院應依職權追究，依法處理。

五、司法警察官署不得任意通知人民到案訊問，訊問後更不得令飭交保候傳。

以上各點，特依監察法第二十四條規定提案糾正，請移送行政院速予注意改善。

五

對監察院上述糾正案，行政院以臺四十七法五五六五號函覆監察院。原文如下：

一、前准貴院四十七年七月二十九日（四七）監臺院機字第一一九〇號函：爲糾正司法警察官署，對人民之傳喚、逮捕、拘禁、審問，尚多未依法定程序處理，囑查照辦理一案，當即轉飭司法行政部迅就糾正各點會商有關機關，研訂改善，辦理具報，並於四十七年八月四日以臺（四七）法字第四四二九號函先行復請查照在案。

二、茲據司法行政部呈報邀集國防部，臺灣省政府等有關機關會商，經就原糾正各事項，分別擬具改善辦法，請鑒核前來，除已由院令飭司法行政部、國防部、臺灣省政府轉飭所屬各機關遵照，切實注意改善辦理外，謹將本案注意改善辦理情形，列表函請查照爲荷。

院長　陳誠

（附）監察院糾正司法警察官署對人民之傳喚逮捕拘禁審問多未依法定程序辦理一案行政院令飭有關機關注意改善辦理情形表

原糾正事項	令飭有關機關注意改善辦理情形
一、具有司法警察職權之官員，對於犯罪嫌疑人如認爲有傳喚、逮捕、拘押之必要者，應切實遵照法定程序辦理，如有違反，該管長官應即依法追究責任。	㈠傳喚、拘提、羈押、依刑事訴訟法第七十一條第四項，第七十七條第三項，第一百零二條第三項規定，屬於法院及檢察官之職權，司法警察，依同法第二百零九條第二項，第二百十條第二項規定，固得逕行調查犯人犯罪情形及蒐集證據，惟如對犯罪嫌疑人認有傳喚、拘提、羈押之必要者，仍應聲請該管檢察官核辦。 ㈡實施逮捕，應依刑事訴訟法第八十七條、第八十八條規定辦理。 ㈢上列兩項，如有違反，各該管長官應即依法追究責任。
二、臺灣省司法機關與警察機關聯繫辦法中之聲請延長羈押規定，核與憲法，提審法，刑事訴訟法，羈押法，各有關規定均有違反，應請速予修正，以保人權。	㈠現行「臺灣省司法機關與警察機關聯繫辦法」應由有關機關根據戡亂戒嚴時期維持治安之必要及有關法令研議修訂。 ㈡司法警察官或司法警察拘提或因通緝逮捕之被告，應依刑事訴訟法第九十一條規定解送指定之處所，其逮捕或接受現行犯者，應依同法第九十二條第二項規定即行解送檢察官。 ㈢嗣後各級法院檢察官及司法警察機關辦理該管區刑事案件，應切實遵照行政院三十七年七月十六日修正公布施行之「檢察官

三、法院及有關機關，對於提審案件，必須切實遵照憲法及提審法規定辦理。 四、對於非法之逮捕、拘禁案件，法院應依職權追究依法處理。 五、司法警察官署，不得任意通知人民到案訊問，訊問後更不得令飭交保。	與司法警察機關執行職務聯繫辦法」辦理。 ㈠法院對於提審案件，應切實依照憲法及提審法之規定辦理。 ㈡軍法機關所拘押之犯罪嫌疑人，如依法應由司法機關審判者，一經法院提審，應即解交。 ㈢警察機關，對於法院之提審，應依法予以解交。 司法警察機關逮捕、拘禁犯罪嫌疑人，均須依照法律規定辦理，法院檢察官如發現有非法逮捕拘禁情事，應即依法處理。 警察機關通知人民到案及命交保，應符合違警罰法規定，其係依據「檢察官與司法警察機關執行聯繫辦法」第九條之規定辦理者，不在此限。

冤獄責任及其追問

五十六年一月十四日監察院第九九八次會議討論我的一個提案：要旨如下：「國家愼刑恤獄，尊重人權，其第一要義應爲不得濫施羈押。近閱行政院來文，獲悉五十五年度法院冤獄之經國家賠償者尚有二十九件，其成因雖甚複雜，且未必皆爲主辦法官之咎責，然難免無枉法濫權等情事，自應加以徹查。用特提議：請交本院司法委員會調集全部有關案卷加以審閱，如有必要，並應調查及依法處理，以重法治」。經決議：「本案連同陶委員百川發言要點併交司法委員會處理」。

我卽席加以說明：

今天我爲執行憲法第二十四條提出本案，乃是一件大事。該條規定：「凡公務員違法侵害人民之自由或權利者。除依法律受懲戒外。應負刑事及民事責任。被害人民就其所受損害。並得依法律向國家請求賠償」。

民國四十八年政府依據該條規定訂了一個冤獄賠償法，歷年以來，迭有冤獄也常有賠償。但是製造冤獄的檢察官或推事未聞依照憲法加以懲戒或訴追。所以憲法保障人民身體自由的良法美意祇執行了一半。今天的提案就是要本院查明造成那些冤獄的法官應否予以彈劾懲戒或刑事訴追。

其實應受該條憲法管轄的案件本不限於司法案件，應負責任的人員也不限於法官，行政案件和軍事案件及其人員都在其內。但是今天祇就法院冤獄提請調查有關法官的責任。

冤獄賠償法第一條規定：「依刑事訴訟法令受理之案件，具有左列情形之一者，受害人得依本法請求國家賠償：一、不起訴處分或無罪之判決確定前，曾受羈押者；二、依再審或非常上訴程序判決無罪確定前，曾受羈押或刑之執行者。又不依前項法令之羈押受害人亦得依本法請求國家賠償」。冤被濫施羈押的受害人可向管轄檢察處或法院申請賠償，如被批駁，可向司法院聲訴。該院設有冤獄賠償覆議委員會，由最高法院院長任主席，處理聲訴案件。

民國五十四年獲得賠償者共三十件，五十五年是二十九件。但司法行政機關，對於造成冤獄的法官應負何種責任，一向不加究問，本院也是不告不理。從現在起，我們應該注意一下。先從五十五年的二十九案辦起。以前各案另行處理。

至於以後發生的冤獄如何處理？是逐案查究抑或年終合併處理？我主張逐案辦理，所以最好函請司法行政當局通令各法院將冤獄賠償法第十三條規定應該送給最高法院檢察署的決定書副本也送一份給本院司法委員會，並由該委員會負責處理。

監察院司法委員會第二一一次會議討論本案時，決議：「一、向司法行政機關洽調五十五年度應行賠償之冤獄案卷；二、報院函司法行政部通令各法院自本（五十六）年一月起將受理冤獄賠償案件之決定書副本分送本委員會」。

此後司法委員會於收到各法院冤獄賠償決定書副本時，先行簽報本院轉函各有關法院調齊該案原卷，報會決定依照本會委員名單次序分配各委員審閱。

自五十六年一月起至五十七年十二月十一日止（連同以前收到之二十九件）收到冤獄賠償決定書除未調齊案卷者外，計八十五件，均依序分配各委員審閱。

審閱結果，除田委員欲樸審閱高張桂案，經第二一四次會議決議：「推田委員欲樸調查」，嗣提調查報告，經第二二〇次會議決議：「存」。我審閱了九案，除劉生進案，經第二二四次會議決議：「報院函司法行政部查復」，嗣准函復經第二二八次會議決議：「請陶委員百川審查」，旋准審查報告，經第二二九次會議決議：「存」，餘皆存查。又張委員建中審查簡吳滿案，經第二三四次會議決議：「報院函司法行政部調查局查復」，嗣准函復經第二三六次會議決議：「存」。其餘八十二件均經決議：「存」（認為下令羈押之法官不負違法失職責任）（附錄三）。

附錄：五十八年所辦四案結果

一、（莊金火案）以本案詐欺情節而論，羈押尚無不合。可存。

二、（呂良心案）本案裁定不賠，尚無不合。可存。

陶百川 九月二十二日

三、（潘志高案）本案被告素行不良，羈押尚無不當，既經賠償，法官責任可予免究。

陶百川 九月二十二日

陶百川 九月二十四日

四、（胡龍輝案）本案當事人初供承認竊盜，羈押咎由自取。可存。

陶百川 九月二十四日

監察院請提非常上訴的限制

第一次發言

陶委員百川：主席、各位同仁：本案係司法委員會簽報院會討論。本案所涉及的判決案，張委員曾加調查，後來將調查報告送到司法委員會後又推委員加以審查。調查和審查的委員都認爲以送請最高法院檢察署檢察長提起非常上訴，予以救濟。司法委員會乃將本案提報院會。今天院會處理本案，我主張先把程序問題討論一下。

對於判決已經確定的案子，依法可由最高法院檢察長提起非常上訴。刑事訴訟法且規定全國檢察官都須隨時注意確定判決有無違法，如有則應請最高檢察長予以救濟。監察院受理人民書狀加以調查，如果發現確定判決確實違法，監察院自然不便聽其自然，任其將錯就錯，讓被寃枉的人寃沉海底。於是把調查所得的資料和情形函告最高檢察長，請他研究處理，這是合法的也是必要的。這個做法，既不干涉審判，也不妨害司法獨立。

但是過去有些委員，對此類案件要請檢察長提起非常上訴時，就請院長批一下，就送給檢察長，要求提起非常上訴，而且有時認爲他非提不可。這種程序，我認爲太簡單而不夠審愼和鄭重。如果做得過分，且足妨害司法獨立，所以去年我在年度總檢討會中提議，這種案子，不能由院長批送，一定要經過本院司法委員會的審查和同意。但是我也不贊成須經院會通過。因爲院會沒有這種職權，而且也顯得太嚴重。我們的糾正案都由各委員會處理，不能由院會來討論和議決。今天的案件，自不必由院會來處理，而且去年檢討會明明決定由司法委員會負責處理。所以我建議將本案退還司法委員會，由它去決定好了。

其次，刑訴法既規定最高法院檢察長得提起非常上訴，他當然也可以不提起非常上訴，完全看他怎樣決定。我們不可也不能要他非常上訴不可。所以我主張司法委員會如果決定可請檢察長提非常上訴，決議文應該是請他「依法處理」，由他去全權處理。

這已經在院會第一零四六次會議決議在案。司法委員會送來的這個案子，退回司法委員會處理。

二、司法委員會處理這類案子時，假使認爲可以請最高法院檢察長提起非常上訴，司法委員會的決議文應該這樣：本案送請最高法院檢察署檢察長依法處理。

一條命的價值和價目

民國四十三年十二月，我向監察院國防委員會提出一個糾正案說：馬公鎭聯勤卡車輾斃呂進丁，聯勤第十四站僅賠償新臺幣五百元，此數尚不足補償其棺槨之需，自屬不合，用特提案糾正。事實和理由有如左述：

據澎湖縣馬公鎮呂明黨訴稱：民國四十二年十二月十二日下午四時，突有馬公聯勤總司令部之十輪大卡車一輛，撞入該店。恰值伊子呂進丁，現年十一歲坐於門旁休息，當場被該車輾斃，並將該店右角衝崩。而聯勤所屬第十四站派員送去新臺幣五百元作爲損害賠償。當以爲數過少，拒絕收受，來員乃將該款放置於該店而去。心有不甘，籲請糾正等語前來。經將以上情形函請聯勤總司令部查明屬實。

查僱用人因執行職務不法侵害他人之權利者，由僱用人與行爲人連帶負損害賠償責任，此爲民法第一百八十八條所明定。參照同法第一百八十六條，公務員及公務機關亦非例外。本案肇事之聯勤汽車站所提出之損害賠償費五百元，據稱爲國家之公款，是政府已擔負損害賠償責任，此已爲不爭之事實。政府既已擔任賠償，支付能力自無問題，乃人命一條，店屋一角，僅允賠償五百元，足見聯勤總司令部及其所屬之第十四站顯未充分重視人民之權益。

軍車殺人，常有所聞，以後如咎在駕駛，其主管機關自應依法予被害人以適當之損害賠償，不得依仗權勢，敷衍塞責。並應定爲通例，由上級機關監督執行，以重人命而保軍譽。本案並應由聯勤總司令部依法爲妥善之處理。茲依監察法第二十四條提出糾正案。

（按：本案後經國防部令飭聯勤增加賠償，經呂君同意和解。肇事司機移送軍法制裁。）

電視廣播損害他人的救濟

五十七年我向監察院提案要求政府當局令飭電視臺和廣播電臺須和報紙雜誌同負出版法關於損害他人如何救濟的責任。原文如下：

提案全文

吾國出版法規定：新聞紙或雜誌之記載涉及他人而拒絕為其更正或拒登其辯駁書者，或雖登載而內容不符者，主管機關得處以五百元以下之罰鍰。但對廣播電臺或電視臺則迄未有此救濟辦法。鑒於此等大衆傳播工具之日益發達，而其造成之影響或損害，有時且大於出版品，自亦應有適當辦法，以資救濟。爰特提供意見三項，擬請交內政委員會討論後會商行政院加以改進。

玆將改進辦法試擬如下：

一、廣播電臺或電視臺之播講如涉及他人權利經其要求更正或播放其辯駁書者，應於接到要求後三日內予以更正或播放。但其更正或辯駁顯違法令或距原播時間已逾一月者不在此限。

二、廣播電臺或電視臺不為前條之更正或播放其辯駁書或雖更正或播放而其內容不符者，縣市政府得應當事人之請求予以警告或處新臺幣三十元以下之罰鍰。

三、前項辦法由內政部呈准行政院公告施行之。

茲列參考條文於下：

一、出版法第十五條：新聞紙或雜誌登載事項涉及之人或機關要求更正或登載辯駁書者，在日刊之新聞紙應於接到要求後三日內更正或登載辯駁書。在非日刊之新聞紙或雜誌應於接到要求時之次期爲之。但其更正或辯駁書之內容顯違法令，或未記明要求人之姓名、住所或自原登載之日起逾六個月而始行要求者，不在此限。

更正或辯駁書之登載。其版面應與原文所載者相同。

二、出版法第三十八條第三款：不爲第十五條之更正或已更正而與登載事項涉及之人或機關要求更正或登載辯駁書之內容不符，經當事人向該主管官署檢舉並查明屬實者，處五百元以下之罰鍰。

三、行政執行法第一條：行政官署於必要時，依本法之規定，得行間接或直接強制處分。

四、罰鍰數額係照行政執行法第五條第三款規定折合新臺幣。

調查報告

這案後經監察院內政委員會討論決議卽推我調查。茲列調查報告於下：

奉交調查內政委員會第二七四次會議決議事項，茲已調查完竣，提出本報告。

查吾國出版法規定：新聞紙或雜誌之記載涉及他人而拒絕爲其更正或拒登其辯駁書者，或雖登載而內容不符者，主管機關得處以五百元以下之罰鍰。但對廣播電臺或電視臺則迄未有此救濟辦法。鑒於此等大衆傳播工具之日益發達，而其造成之影響或損害，有時且大於出版品，國家爲保護人民法益，自亦應有適當辦法，以資救濟。此爲本案所當調查之重點。

經查我國現行之廣播電視法規計有：一、廣播無線電臺設置及管理規則；二、電視廣播電臺設置暫行規則，三、廣播無線電臺節目規範，四、廣播及電視無線電臺節目輔導準則。其中涉及損害他人權益之有關條文如下：1.「節目規範」第三條第七款「不得損害他人權益」。2.「輔導準則」第九條第一款「報導評論等言論，應求確實公正」。3.「管理規則」第四十五條：「廣播電臺違反本規則之規定時：得由交通部按情節輕重予以左列處分：(1)警告，(2)停止播音（自一日至一個月），(3)吊銷執照，並限令拆除電臺」。（電視電臺設置暫行規則第二十八條亦有同樣之處分規定）以上所述條款，雖均與「涉及他人權益」之問題有關，但缺乏明確「更正」、「辯駁」、「救濟」之規定。

茲經向教育部文化局王局長試提下列改進意見：

一、廣播電臺或電視臺之播講，如涉及他人權利，經其要求更正或播放其辯駁書者，應於接到要求後三日內予以更正或播放。但其更正或辯駁顯違法令距原播時間已逾一月者，不在此限。

二、廣播電臺或電視臺不爲前條之更正或播放其辯駁書或雖更正或播放而其內容不符者，縣市政府得應當事人之請求予以警告或處以（新臺幣）三十元以下之罰鍰。

王局長謂該局現正擬定廣播法，允就上列意見加以注意。

按現行廣播法令對於損害個人權益之行爲既有警告、停播及吊銷執照等規定，處罰相當嚴厲，而王局長已允就上列兩項救濟辦法在擬訂廣播法中加以注意。本案擬請交內政委員會存備參考。

少年疑犯名譽的保護

五十六年十月十日我向臺北市新聞評議委員會提案，建議各報尊重少年事件當事人的名譽。經該會（我是該會七人委員之一）討論通過，送請各報一體注意。提案原文如下：

少年之可塑性甚大，即使偶觸法網，亦應加以憫恕，期其改過從善，變化氣質，卒成好人。故新聞記者報導少年事件，自不應發表該少年之姓名，以免傷害其自尊或妨害其自新。即使該少年已移付法庭審理或竟判處罪刑，如未經該法庭公布，亦仍不得刊登其姓名或照片。他如職業、籍貫或住所等，凡足以從而知悉其爲何人者，亦應一律避免。至其家長或家屬爲何人，自更不應刊登，以重人權。茲因各報對此多不注意，用特提請討論，以期作成決議，送請報業公會採納辦理。

刑事五案問題一串

——監察院政治檢討意見之一

一

今天我想就幾個刑事案件指出在程序上很有問題。這些程序問題有時影響也很大，所以我要提出來加以檢討。

我提出幾個案子來加以檢討的動機，發生在今天（十一月二十一日）早晨。在這以前，我還沒有準備講話。原來今天早晨我看到《臺灣日報》有一篇評論和一條很長的新聞，說該報一個駐屏東的記者，因爲報導屏東縣議會一位議員的發言紀錄，被縣政府的教育科長告到檢察處，控告該報誹謗。檢察處本來傳訊的是《臺灣日報》發行人夏曉華先生，但是夏發行人沒有去，就派那個記者代理出庭。檢察官發現那個記者就是寫那篇稿子的人。就問教育科長對他有何意見，教育科長答稱也要告那個記者。檢察官匆匆問了一下就把那個記者收押了。

查這個記者所犯本刑充其量也不過一年以下有期徒刑，還可能根本不判徒刑，處以五百元以下罰金。甚至是不是可判刑還有問題，因爲他是報導議會的發言記錄，後者對外不負責任。到了第二天，首席檢察官將該案另換一個檢察官辦理。這是說，首席檢察官已經發現前一檢察官濫用職權，就該將那位記者開釋，但他還是護短，只另外換了一個檢察官。這個檢察官就把教育科長找了來，勸他和解，意思是說如不和解，那個新聞記者還得繼續押下去。後來教育科長答應和解，原諒了那個記者，檢察官方把他釋放，但已經關了三十小時了。

那位新聞記者出來就招待新聞界，但是我遍查家中所看各報，沒有一報登出這個消息。是否這幾家報紙的記者恐怕也會被檢察官覊押，所以不敢報導這個消息，於是我覺得監察院就應該注意一下。

我以爲檢察官是有權覊押被告的，但是也要看有沒有必要。假定沒有必要，就是濫用職權，照刑法第一百二十五條規定，乃是瀆職罪，可處一年以上七年以下有期徒刑。所以檢察官不要以爲他有了權就可濫用，愛覊押就覊押。假定不應該覊押的而覊押，國家是會追究他的，他的權力不是沒有限制的。本案檢察官究竟是不是觸犯刑法第一百二十五條，新聞記者同業不敢講，我覺得監察院應該來作包青天。

第二個案子，就是不久以前，臺北有一個信用合作社週轉不靈停業了，十位理監事都被逮捕。我不談這個問題，我僅談有一個存戶，是一家旅館的經理也被捕了。報上透露的理由，是那個經理有一千多萬元存在信用合作社，他取得了信用合作社的質押品——一批證券。當局要他把那批證券交出來，大約他因此便有優先受償權，所以不肯拿出來，結果他被捕了。過了一兩天，報上又有消息說，他以別的地方借來的款子，利息比較低，他拿去存在信用合作社的利息比較高，他是在經營「地下銀行」，他擾亂了金融，觸犯了國家總動員法。那個罪名就大了，我想他現在還被羈押著。

我不認識這個人，他的名字叫什麼我都忘記了，常常有人寫信給我，但我沒有收過他的信，也沒有什麼人和我談起這個問題。我只注意這樣的「罪狀」是不是應該羈押，但我不敢擅作判斷，可是我認爲假定那種行爲是觸犯國家總動員法的，工商業很少人能夠免於觸犯那一條法律。因爲工商業者有時向別人借錢，有時有錢存進銀行，如說存出去的利息一定要低於借入的或至少要拉平，才不算擾亂金融，則多少工商業者都難免於被拘捕，於是天下將大亂了。政府如果必須要這樣做，也應該先下一個命令，對這種借貸加以禁止，不可「不教而誅」。

三

現在我要說到第三案，就是黃豆行賄案。社會對本案有三個疑問：第一、有無政府官員牽涉在內？例如黃豆進口稅從百分之十五減低到百分之十，政府官員有無刑責？不准設新廠問題，政府官員有無刑責？退還回佣部分，政府官員有無刑責？很多社會人士認爲政府官員是有刑責的，但我認爲尚不一定，必須經過調查方可下結論。例如從百分之十五的稅率減低到百分之十這一點，如果財政部對立法院的提案，把百分之十五要求減爲百分之十，這是一種情形。如果要求從百分之十五加到百分之二十，這又是一種情形，如果主張維持百分之十五，這又是另一種情形。所以不能說立法院把稅率從百分之十五減低爲百分之十而有立法委員涉嫌在內，便說政府官員也一定有罪。這是武斷。沒有查過財政部的案卷，不可輕易下結論。但是人言可畏，我們仍要以存疑的態度去注意。作爲一個「包青天」，如果地檢處辦錯了，必須要它負責任，如果沒有辦錯，也要爲它辨寃白謗。這是黃豆案所牽涉的第一個問題。

第二個問題是行賄的人是不是有罪？我不知道各位今天早晨有沒有收到一封信？它說受賄的人既起訴，爲什麼行賄的人可以不管，是否是有計劃的寬縱。

對這問題，有兩種說法：一是說行賄的人和受賄的人同樣有罪。這本是我們中國一個傳統的說法，所謂「授受同罪」。但是另外還有一個說法，就是行賄人有無刑責，要看案情是否嚴重，而嚴重的標準是看他是否要對方違背職務。如果僅是職務行爲，受賄者有罪，行賄者無罪。如果是違背職務的行爲，行賄者方負刑責。本案有幾個被告是因利用身分而涉嫌犯罪，談不上是職務行爲，有幾個被告雖是職務行爲涉嫌受賄，但還不到違背職務的程度，所以行賄的人並無刑責。但檢察官的認定有無錯誤，不妨注意一下。

第三要談到覊押的問題。本案涉嫌受賄被告有十一人，其中六人被覊押，五人沒有覊押。這五人中有三人是職務行爲，受賄罪刑較重，但沒有收押，而僅利用身分的人，罪刑較輕，反而收押了，顯不公平。假如說六人收押是對的，五人不收押就不對了；五人不收押是對的，六人收押就不對了。二者必居其一。但是我們也不能隨便判斷，因爲檢察官也許另有理由。我們應問他的理由是什麼。人言悠悠，都認爲辦得不對，我以爲我們應該查個水落石出。

監察有消極和積極的作用。在消極方面，監察院提出彈劾案或糾舉案，這是本院的主要責任。但是查明外面所指責的不是事實，這無異在積極方面替政府官員辦冤白謗。監察制度所以還能存在，甚至還爲政府所支持，因爲它有時也可幫政府的忙。本案調查以後，無論懲辦政府官員或爲其辦白，對國家都有好處。

四

第四個案子：本月初有一個美軍人員，因車禍撞死兩個中國人，撞傷兩個中國小孩，到現在已有十餘天，尚未見臺北地檢處開始偵查。美軍協防司令部曾寫一封信給地檢處，問它究竟辦不辦，請在二十一天內答覆。美軍當局這封信來得沒有錯，因爲美軍地位協定就是這樣規定的。但因這是殺人案，原則上應該歸我們辦，我們有管轄基本權（如果撞死的不是中國人，而是美國人，他雖在中華民國境內犯法，美國仍有管轄基本權）。本案情節重大，我國既以十二年的努力，爭得美軍犯罪管轄權，我覺得不應該放棄。

這個問題正在我方考慮之中，我本不願就來檢討，但是我記得不久以前，我國曾經放棄過一個相當重大的案子。我怕這一次又故態復萌，又要放棄，所以提出來請當局一定要作合法合理的決定，不要採取便宜主義，不要怕麻煩和偷懶，而應早日開始受理。

五

最後說到第五個案子。最近有人被軍法處判處五年徒刑，理由是他在民國三十六年，大陸還沒有淪陷的時候，在香港和李濟琛見面談話，李要他擔任「中國國民黨革命委員會」大陸某市的委員。軍法處審問的時候，他承認有這回事，但是說並沒有就職。軍法當局認爲他既沒有脫離的聲明，犯罪行爲還是在繼續之中。雖然民國三十六年以後已與李沒有什麼往來，但是因爲沒有向政府自首，不能說已和他脫離關係，因此判他五年徒刑。這個案子，我覺得在法律上沒有判錯，但未免不合情理。我相信這種故事也許還有，我們應該有一種補救辦法，例如建議政府再來一次自新運動，昭告全省，甚至於海外，凡是曾與李某等有來往的，都須在特定的時間內自首。我想有嫌疑的人都會來登記，於是政府便可以監視他們，而不必判以重刑。總統說過：「不是敵人，便是同志」。卽使是敵人，因來投誠，我們已視爲朋友，何況是大陸淪陷前所犯的錯誤呢！

六

今天所檢討的雖是刑事案件，但只談程序，不談實質。有罪無罪，應讓法官去自由認定，將來本院即使派員調查，也請不要查到審判的實質方面去。

臺灣和大陸的人權報告

臺灣人權問題的證詞和我的意見

今年六月，美國國務院中國科科長李文先生就「臺灣人權情況及其遠景」在美國衆議院作證。後來「這一代」雜誌把他的證詞譯爲中文，我看了很感興趣。且因它是美國政府的意見，我以爲值得注意和硏討。但因譯文略有删節，我請友人代覓原文，以便校勘。原文寄到時，適逢世界人權宣言的第二十九週年紀念日（六十六年十二月十日），我乃乘此略加評述。

一

李文證詞內容豐富，於引言外，包含左列各項：

一、現況的觀察；
二、有利和不利於改變的因素；
三、拷問和嚴酷待遇問題；
四、政治犯問題；
五、戒嚴法問題；

六、拘留和法律程序問題；

七、選舉問題；

八、新聞自由問題；

九、美國的行動；

十、未來的預測。

李文證詞觀察臺灣政治情況或人權現狀的結論是這樣的：「在其後二十五年內，臺灣已進展至較開放的社會。警察國家的氣氛已不復存在，一般人民皆能安居若素而無恐懼鎮壓之憂，臺灣人民與大陸人之間的磨擦已戲劇性的緩和。此外，經選舉的地方政府第一次在中國成立，並有相當的地方基礎。同時，建立在歐洲大陸法系之上的西方式法治形態，也已增強」。

李文證詞這些話，自尙持平。但我要指出一點：所謂「警察國家」的氣氛，臺灣確曾有過，而那是在日本統治時代，那時才是警察國家。如果說，中央政府遷臺初期也是警察國家，那就有欠公平了。

二

話雖如此，可是臺灣警察的權力，我以爲尙應縮小或酌加限制。民國五十年，我和監察院同仁在監察院提案通過，請司法院解釋違警罰法授予警察官署有權拘留違警人民長達十四日，是否

牴觸憲法第八條規定：「人民身體自由應予保障……非由法院依法定程序不得審問處罰」，但是迄今長達十六年，司法院猶未解釋下來。

在司法院謝院長逝世前，我曾問他留中原因。他說正與行政當局會商善後辦法。他想由法院設立警務法庭，受理警察移送的違警處罰案件。他說，一俟辦法決定，司法院就可解釋違警罰法第十八條第一款（拘留）因違憲無效。我很贊成他的構想，其實乃是現代民主國家的通例，所以我不斷加以鼓吹。可惜人亡政息。我願有人繼起爲之！

李文證詞指出，臺灣雖有著有利於革新和進步的因素，可是同時也有不利的因素，他列舉三項：

一、「二千多年來，中國一直在儒家思想指導下，認爲個人的職責是效忠和服從國家。……因此，臺灣在經濟和社會方面的記錄較其在人權和政治方面者爲優」。

二、在與中共的對抗中，中華民國認爲必需採取戒嚴措施。

三、「有些反對政府者採用暴力手段，增強了臺灣不同情人權問題的人的力量」。

李文證詞在指出有利因素時，強調「持續的和平、安定和經濟發展」以及「受助於廣泛增加的國外接觸」。

三

李文證詞所謂拷問和嚴酷待遇，是指刑訊取供，它「並未在中華民國廣泛實行。我們大使館幾乎與所有社會階層有所接觸，我們相信如果拷問廣泛實行，我們必定會知道」。但它說並未完全絕跡。

我一向竭力反對刑訊，我們的政策和法令也絕不許可，我曾在八月十九日以此詢問一位保防當局，他覆示：「對涉嫌人犯之刑訊、監聽及非法扣押並禁止與外界通訊各節，經查本局辦案一向講求證據，恪遵法定程序，依法辦理，尙無發生有關上述情事。惟仍當誡愼惕勵，督屬毋稍疏誤，用符厚望」。

李文證詞所稱「政治犯」；我國法律稱爲「叛亂犯」。證詞指出：「雖然叛亂罪最高可判死刑，最近幾年的報告均未出現政治處決。我們的印象裏，近年來，政治審判的平均刑期是十年。但那些被控從事恐怖活動及共產黨活動者常被處以無期徒刑」。

四

「不爲了政治犯，政府在最近六年中，曾經兩次特赦和減刑，不可謂不相當寬大，其中民國六十年的一次，我曾在叮嚀文存第一册中有所報導。最近一次則據李文證詞指出：「一九七五年，蔣總統去世之後，政府頒佈減刑法，縮短對政治犯的判決刑期，同時釋放了因政治違法而在獄的大約五百人中的兩百名」。

李文證詞中最感棘手的，乃是戒嚴問題，但美國政府對此似頗諒解。因爲該證詞說：「大多數違反人權之事件均可在戒嚴法中找到其法律基礎。戒嚴法中對違反國家安全、公共秩序及安全之概論式的條文，給予政府對付反對者的現成方法。……政府並未使用此法所賦予的所有自由裁量之權，許多可在軍事法庭審理之刑事案件現已由民事法庭審理」。

但是我國國內有人對戒嚴問題卻頗敏感和關切，以致蔣院長要特加說明。那時我曾提了一些代替戒嚴的辦法，以期因而可以解嚴，但恐代替不了。

其實鑒於這次選舉期間的中壢騷擾事件，政府應知戒嚴並非怎樣可靠，而社會應覺戒嚴也並非怎樣可怕了。

關於李文證詞第六項，上文已略有交代，茲不贅陳。第七項是選舉問題，證詞指出臺灣的選舉「通常都能反應選民的意願，自由人士競選獲勝非不常見」。這些選舉結果縣市長之由黨外人士當選者，高達百分之二十，足證選舉已更公正和更公平。

五

但證詞認爲一九六九年以來中央民意代表的增補人數「尚不足以改變三十年前在大陸所構成的立法主體」。證詞又指出黨外人士「至今未被允許組織一個具有意義的反對黨」。我以爲假以時日，這兩點都會改觀。

明人有詩曰「萬山不許一溪奔，攔得溪聲日夜喧。到得前頭山腳盡，堂堂溪水出前村」。國民黨和黨外人士都應有這種了解並互謀諒解。

關於新聞自由證詞指出：「雖然憲法保障言論及新聞自由，但戒嚴給予政府限制兩者的權力。在實際情況裏，政府基本政策之不容置疑已被普遍認識爲一項限制。任何與官方所聲明代表全中國之相反意見者，與其堅強反共立場不一致，以及關於臺灣獨立之言論，皆不被允許，且可依法懲罰，除了這些受限制但極重要的論題之外，人們通常可自由發言及出版刊物」。「此外，對外國新聞及期刊的檢查亦較放鬆」。

在與大陸共黨作民主自由鬥爭的生死關頭，臺灣也只能採取這樣卑之無甚高論的新聞政策。所以李文證詞也未便奢求和苛責。但我以爲尚有適當開放的餘地。例如報紙頁數應該自由增加，新報應准創設。

此外，一切大衆傳播事業的所謂「自我檢討」，我以爲不可過分謹愼和遷就，以免落得「自我虐待」。

六

在「美國的行動」和「未來的預測」中，李文證詞強調：「過去多年，我們曾嘗試在臺灣靜靜地鼓勵對人權的尊重。我們的大使館經常與該政府內外人士討論美國對人權的看法。我可向你們保證，中華民國的最高領袖們都了解我們的看法。大使館與政治積極參與者有廣泛的接觸。包括那些批評政府者。我們已表明對於特殊政治犯的興趣以顯示我們對那些人權遭受侵害者的關懷，並用以幫助特殊的個人。我相信這些努力就長期傾向而言，有助於鼓勵臺灣朝向一更開放的社會」。

目前報載，美國國務院在去年一月二十日卡特總統就職後訓令駐在八十二個接受美援國家的大使提出人權報告以供參議院審核美援的參考。並說臺灣地區這次選舉情形和中壢騷擾事件也已列入報告。我願我國朝野各方面都要自愛自檢，以免授人口實，騰笑友邦。

六十六年十二月四日

又，一九七八年十一月二十日設在英國倫敦的國際赦免會（Amnesty International）公布了有關中國大陸（中共）政治犯的調查報告。《中國時報》很快的取得該報告（全文一百零六頁），並摘譯要點登在同月二十九日的報上。《聯合報》則由施克敏先生寫了一篇美國通訊。

這個報告是世界人士長久以來所督促和盼望的。在我任監察委員時，該會常爲我國的政治犯向我呼籲（參閱《臺灣怎樣能更好》第一三九頁）。一九七四年三月，我在倫敦會與該會負責人晤談，希望該會在關切臺灣的政治犯（我國叫做叛亂犯）外，也應注意中國大陸政治犯所受的待遇。那時我就獲悉該會已蒐集了許多資料，正在研究和考慮出版。現在果然出來了。

因爲它過去常爲我國叛亂犯說話，有人罵它是國際共黨的外圍組織，看了這個報告，他們對它應當刮目相看了（該報告的序言和引言作爲〈附載二〉譯登於本文之後）。

（附載一）臺灣人權情況及其遠景

柏頓・李文

主席先生、各位委員，我應諸位之請於今日討論中華民國的人權情況。在開始以前，我願清楚表明我個人贊成卡特總統之強調人權爲美國外交政策基本要素的立場。除促進人權之外，美國在臺灣的其他利益包括保持和平、維持互惠經濟關係、限制核子武器擴散，並且以我們和「中華人民共和國」關係正常化的目標一致的方式來處理對中華民國之外交關係。由於這些利益之間的關係極爲複雜且非一致，因此我們很難只就其一來討論。雖然如此，我仍將盡力就臺灣人權情況及其遠景作一番說明。

現況之觀察

在未進入主題之前，我想簡短的來回顧一下歷史背景。二千多年來，中國一直在儒家思想指導下，認爲個人的職責在於效忠及服從國家。歷代的統治者都以鎮壓來制裁那些對儒家正統思想的反對者。「法律」，在歷代政府中所扮演的角色，只著重於社會秩序之維持而非個人的保護。更甚者，法律是由同時享有行政及司法權之官員來決定。西方政府及個人權利的觀念在十九世紀末葉才被介紹到中國。接著整個二十世紀上半葉的戰爭及內部分裂，也使得這些西方觀念無法廣佈。

第二次世界大戰結束之後，經濟衰疲的臺灣被置於深受戰爭所創及內部衝突所擾的中國統治之下。在臺軍事政府的嚴厲、獨斷管制，導致對一九四七年臺灣人士反抗的流血鎮壓。

接著大陸上的失敗及一九四九年撤退至臺灣，中華民國一直以防止共產黨顛覆為第一要務。至一九五〇年代早期（下略）。

在其後二十五年內，臺灣已進展至一較開放的社會。警察國家的氣氛已不復存在。一般人民皆能安居若素無恐及鎮壓之憂。臺灣人與大陸人之間的摩擦已戲劇性的緩和。此外，經選舉的地方政府第一次在中國成立，並有相當的地方基礎。同時，建立在大陸法系之上的西方式法治形式亦已增強。

有利及不利於改變之因素

什麼因素造成以上的轉變：

最重要的因素是持續的和平、安定及經濟發展。過去二十二年內，國民平均所得已由美金七十一元增至八百零九元。所得分配相當平均，且貧富差距亦正縮小。幾乎普及的識字率及公平的教育機會使得所有國民深受現代化的影響。一九五二年，中等學校學生人數有十四萬，到了一九七五年，已增至一百五十萬。以上社會及經濟的進步極顯著的減低了臺灣人的不滿並增加了人民的參政機會。相對的，政府對其人民的效忠問題亦較少掛慮。

這些國內趨向亦受助於廣泛增加的國外接觸。過去十年內，臺灣經濟的主要支柱是國際貿易。國際貿易的進行及表現對臺灣的經濟、社會及政治生活有極大的影響。在此同時，有相當數量的臺灣中堅分子曾受過西方教育，尤其是在美國。經由他們，西方的政治、社會價值觀念對公衆態度及政府政策的影響已日漸增加。

除了上述有利於進步之因素外，仍有幾個妨礙更大進步的因素。第一且最重要的是，除了西方特色外，臺灣基本上仍是一中國社會，深受著二千年來中國政治傳統的影響。臺灣政治效力反映出的是高度集中且人格化的傳統中國領導模式。就臺灣的領導階層言，在社會秩序和個人權利如何妥協的問題上，可預測地，他們仍將偏重傳統對社會秩序及和協的重視。因此毫不驚異的，以我們的定義來看，臺灣在經濟及社會方面的記錄較其在人權及政治權利方面爲優。

第二、雖然自一九五八年第二次臺灣海峽危機以來，一直沒有重大的戰鬥，但是中華民國仍自認處於和「中華人民共和國」繼續內戰的狀況。由於以一方小島對抗大陸，中華民國認爲有必要頒佈緊急政府措施，而因此不幸地造成對人權的限制。

最後，有些反對政府者進行暴力。去夏，一個包裹炸彈嚴重傷害了臺灣省主席。一九七〇年，行政院長蔣經國訪紐約時，亦發生暗殺事件。去年，中華民國駐美大使也收到信紙炸彈。無疑地，這些暴力行爲增強了臺灣那些不同情人權問題者的力量。

因此，中華民國是一個正在轉變中的社會。政府雖有強硬作法，但同時政府中也有許多贊同西方民主及人權觀念的人士。

在諸位邀我出席的信中，要我就和臺灣人權有關的各項問題加以說明。

拷問及嚴酷待遇

雖然拷問及嚴酷待遇的報告仍有，但近年來已較減少。一般來說，這些報告均與未審判前的拘禁及逼供之情形有關，在許多控訴中以上情況仍占重要份量。但很難加以證實。我們的看法是拷問並未在中華民國廣泛實行。我們大使館幾乎與所有社會階層有所接觸，我們相信如果拷問廣泛實行，我們必定會知道。然而，在繼續的報告裏顯示，警察及安全特務在有些情況下曾用過拷問、嚴酷待遇、精神壓力等方式，雖然這些和政府宣告的政策不符。

同時，也有些報告指出政府監聽及困擾那些反對基本政策者之家人及親友。這些行爲根源於中國重集體責任而非個人責任之傳統。這種情況造成一種掛慮和不安的感覺，因而限制了言論自由及政治活動。

政治犯

中華民國確有政治犯。數目多少不確定，但我們相信有好幾百人。根據國際特赦協會有名字的有二百名左右。該政府去年十二月聲明當時有二百五十四名因叛亂罪而入獄，其中九十五名是一九七四——一九七六年判刑的。我們認爲這些人犯裏許多是本乎良心而反對的，其中有些曾從事恐怖行動。一般來說政治犯可分爲二類：一類被控爲從事共產黨活動及其同路人；一類被控爲反對政府基本政策。

雖然叛亂罪最高可判死刑，最近幾年的報告裏均未出現政治處決。我們的印象裏，近年來政治審判的平均刑期是十年。但那些被控從事恐怖活動及共產黨活動者常被處以無期徒刑。

一九七五年，蔣總統去世之後，政府頒佈減刑法，縮短對政治犯的判決刑期。同時釋放了因政治違反在獄的大約五百人中的兩百名。

戒嚴法

一九四八年，中國內戰的高潮時，政府頒佈了戒嚴法。至今此戒嚴法仍舊有效。戒嚴法給予政府廣泛權力在軍事法庭上審判許多種罪行、限制政治集會、禁止罷工，及新聞檢查。然而，它並未實行軍事統治。事實上，過去二十年來，軍隊在國家事務裏所扮的角色已逐漸減少。

大多數違反人權之事件可在戒嚴法中找到其法律基礎。戒嚴法中違反國家安全、公共秩序及安全之概論式的條文，給予政府對付反對者之現成方法。但是，政府並未使用此法所賦予的所有自由裁量之權，許多可在軍事法庭審理之刑事案件現已由民事法庭審理。

拘留及正當法律程序

雖然中華民國的人身保護法令細則經常應用於普通民、刑事案件裏。但由我們所獲之消息指出，有煽動嫌疑之人，未經正式控告及被審判即扣押，並經常被禁止與外界通訊有時二星期，有時達數月之久。但是，與中華民國早期在臺灣統治時有時有失蹤情事發生，我們近年的印象是被拘留者最後終會被控告、審判或釋放。

我們曾不斷注意在軍事法庭中有關煽動之審判及上訴的法律程序之形式，但實質內容極爲缺乏。出席者通常侷限於家屬及被邀記者。通常此種審判僅數小時。由辯護律師代表，被告很少有眞的機會替自己辯護。軍事法庭至今尚未能眞正獨立。上訴偶爾能造成減刑，但至今尚未有推翻原判的情形。

選舉

中華民國僅在過去二十五年中才發展出正規的選舉模式。這些選舉分別在省、市、縣及鄉鎮階層。除了偶爾違法外，這些選舉通常都能反應選民的意願，獨立人士競選獲勝並非不常見。選舉過程所受之重要限制是在結構上而非技術上。

第一、由於中華民國仍以代表全中國人民之政府爲由，認爲除非它重新控制了全中國，否則全國大選將不能舉行。因此，自一九四八年來卽無全國性的全民普選。自一九六九年開始，立法機關的增補選卽開始舉行，但增補人選仍不足以改變三十年前在中國大陸所構成的立法主體。

第二、不論主要在理論上存在的二黨對立，中華民國仍是一實際的一黨國家。反對執政國民黨的競選者卽以獨立人士身分競選。他們至今未被允許組織一具意義的反對黨。經濟及社會方面的進步有助於解釋此黨政治上的成功。雖然如此，此黨的控制部分要靠它對反對者人權及政治權利之限制。

新聞自由

「自由之家」將臺灣的新聞界列爲「部分自由」。

雖然憲法保障言論及新聞自由，但戒嚴法給予政府限制兩者的權力。在實際情況裏，政府基本政策之不容置疑已被普遍認識爲一項限制。任何與官方所聲明代表全中國之相反意見者，與其堅強反共立場不一致，以及關於臺灣獨立之言論，皆不被允許，且可依法懲罰。除了這些受限制但極重要的論題之外，人們通常可自由發言及出版刊物。

臺灣的新聞界實施「自我檢討」。政府則作出版後之檢查，並偶爾取消某些文章或出版品。政府曾中止，改組、禁止直言無忌的期刊。最近幾年，政府已允許較自由的報導國外發展情況，包括「中華人民共和國」所發生的事情，此外對外國新聞及期刊的檢查亦較放鬆。

美國的行動

你們詢問國務院對人權作了那些努力。過去多年，我們曾嘗試在臺灣靜靜地鼓勵對人權的尊敬。我們的大使館經常與該政府內、外人士討論美國對人權的看法。我可向你們保證，中華民國的最高領袖們都了解我們的看法。大使館與政治積極參與者有廣泛的接觸，包括那些批評政府者。我們已表明對於特殊政治犯的興趣以顯示我們對那些人權遭侵害者的關懷，並用以幫助特殊的個人。我相信這些努力就長期傾向而言，有助於鼓勵臺灣朝向一更開放的社會。

有證據顯示中華民國對美總統重視人權有相當反應。在今年較早提交國會的有關中華民國的施政報告及人權報告曾促使了臺灣公衆對人權問題的討論。去年十二月，該政府第一次發佈了有關政治犯的統計消息。今年春天，該政府核准一名先前被禁止出國的重要反對人士代言人之出國申請。

未來的預測

那些曾促使中華民國趨向一更開放社會的廣泛國內、外因素在未來的幾年裏仍將促使其進步。同時中華民國政府對人權的考慮已變得較為重要了。雖然偶有退縮，但就長期傾向來看，對個人自由的尊重必將增加。在這種大潮流的推動下，將會大幅度改變未來的方向，我可向諸位保證，行政機關在和國會步調一致下，將繼續尋求有效方式以鼓勵臺灣朝向一個更開放的社會。

(附載二) 中國大陸人權透視

國際特赦組織

「中共人權報告」序言

一九七七年以來中共官方新聞曾經發表過去十年內「中華人民共和國」境內違反人權的許多案件已經改正。國際赦免會很讚許這種措施。此外，對於中國人民政治協商會議在一九七八年春季採取的決定，也很贊成，那就是把一九五七年以來被扣上「右派分子」的成千上萬人民予以釋放或恢復權益。然而國際赦免會對於他們繼續逮捕政治犯，以及允許這種以政治立場監禁人民的立法繼續生效，仍極為關切。

在過去數年中，國際赦免會曾向「中華人民共和國」有關當局對有關中國境內良心犯的被拘捕及處死刑等案件提出呼籲，其中包括政治犯的處死。國際赦免會曾多次企圖施加壓力，以便與中共代表討論這些案件及有關事項。然而一切申訴和詢問，就如與中共代表會談的要求一樣，毫無回音。

一九七八年五月，國際赦免會的國際執行委員會主席 Thomas Hammarberg，致函中共駐瑞典大使秦力眞，通知他：國際赦免會有一份特別關切中共各種立法和刑罰的報告；國際赦免會希望這份報告可以送達中共當局，並建議與中共大使面談。

一九七八年六月十三日，國際赦免會的 Report on Political Imprisonment in the People's Republic of China（中華人民共和國政治犯報告）的副本送交中共駐斯德哥爾摩大使館請它呈送中共當局。在附函中，國際赦免會表示願意接受中共政府的批評，並希望有機會與中共代表討論該報告所引起的問題。

到了一九七八年八月中旬，中共當局對這份報告既無評論也無回覆。同年八月十八日，國際赦免會的國際執行委員會決定公布這份報告，反映該組織對於中共囚禁政治犯的關切。國際執行委員會強調他們仍願接受中共對於該報告提出任何指正，或對該報告所提事實的任何評論。

「中共人權報告」引言

這份報告描述「中華人民共和國」囚禁政治犯的幾項要點——法律允許以政治立場爲理由拘

禁人民、司法的程序以及監獄的狀況等。

報告中特別檢討中共有關拘禁政治犯的法律，以及政治犯不論是否定罪都會受到拘禁的情況。報告中還指出有關政治犯的法律條款語意含混，可以做極有彈性的解釋，因而得以大規模的拘捕政治犯。中共的憲法以及其他的官方文件也規定某些人——即「階級敵人」，由於他們的階級成分或政治背景而被剝奪政治權利和基本人權。

報告也指出自從一九五〇年以來，由於不斷的以「羣衆動員運動」來教育羣衆，並指認反動份子，包括反對官方政策的人，因此法律的效力日漸減弱。這種運動在每一段時期中都可以應政治上的需要，而找出新的「政治犯」的定義，因而對於擴大「政治犯」的定義有很大的作用。正式的法律程序經常被忽視，特別是在一九六六年和一九七六年的「羣衆動員」期間。

因此法律只是反映中共對政治犯的政策。加予政治犯身上的懲罰也有相同的情形，除了正式的懲罰之外，包括拘禁到處死，還有「非正式」的或是「行政」處分，這些是不需要經過司法調查或是其他法律程序。受到這些「非犯罪性」處分的政治犯，不會被提到正式法庭去審判，而是接受如「監督勞動」或「勞動改造」之類的懲罰，他們也和正式定罪的犯人一樣，被指定到一處公社或勞改營去從事強制勞動。

報告中批評中共審判之前長期的拘押政治犯，並且不給他們有抗辯權的正式保證。依據法律，一旦公安局簽署了「拘捕狀」，則在審判前的拘留可以無限期，並且經常在正式審判前強迫政治犯寫自白書。政治性的被告通常接受秘密審判，有時則經由「羣衆的公審」。這都是無法提出抗辯的。辯護的權利受到限制，因事爲實上一經判決，不承認罪名只有使情況更加嚴重。

報告還描述拘禁的情形有時並不符合中國法律所規定的監獄標準，更不合於聯合國所規定的對待犯人最低標準條款中所要求給予犯人的權利和待遇。雖然本報告所述的監禁狀況僅限於某些拘禁設施在某一時期的情形，然而政治犯對於各種拘禁的抱怨則經年不斷，特別是處罰的方法。由於此一報告所提到的拘禁設施同時拘押普通罪犯和政治犯，而事實上則證據顯示後者顯然受到更嚴苛的待遇，因爲在拘禁期間，他們所受的待遇是由政治背景來決定的。

然而，必需強調的是這份報告並不能代表某一段特定時期中施行全中國的拘押犯人的情況。由於多種因素的影響，有關中共拘禁政治犯的詳細資料相當缺乏，這些原因包括中共幅員廣大，各地情況不同，處置政治犯的問題過於錯綜複雜，以及有關資料的限制流通和不准自由接觸。即使如此，官方的文件已足以提供充分的證據，顯示政治犯受到的待遇全是基於中共的一貫政策，卽個人的行爲不可踰越官方政策所規定的標準。

由於有關中共目前「良心犯」的個案消息來源十分有限，本報告僅提出一些因爲行使個人權利或表達個人信仰而受到短期拘押或判刑的例子。

國際赦免會最表關切的乃是所有「良心犯」的解放。赦免會樂於看到一九七八年中共憲法修改有關保障公民權益的條款，但是必須指出新憲法與現行的刑法一樣，有許多條款違反基本人權，並且允許官方以政治的理由拘押公民。國際赦免會很期望中共政府採取任何可能的步驟簽署並批准聯合國國際人權的政治權利公約（United Nations International Covenant on Civil and Political Rights），以保證中國公民的基本人權，並以恰當的司法程序保障這些權益。

本報告的主要消息來源有二：前政治犯和難民的陳述和正式公布的文件和報告。能夠取得的法律原文或其他官方文件也提供了重要資料。

然而官方文件對於政治犯的個別案件和他們所受的待遇提供極有限的資料。事實的詳情，主要得自以前被拘禁的人或政治犯的聲明，或是熟悉他們的人以及了解本報告所提及的各種審判程序的難民。如同前面所一再強調的，這些消息來源也極有限，因爲他們經常只能對一項繁複的過程提出部分的描述。也許有人抗議他們有偏見，然而來自中國大陸不同地區而又互不相識的人所提出的報告經常對某一事件及懲罰的方法提出相同的描述，有時還能由官方的文件或聲明中得到更進一步的證實。雖然部分細節很難查對，但是報告中所提出的有關政治拘禁的各種情形大部分都可由官方的文件中得到證實。大而言之，它們可以被視爲令人信服的證詞。

國際赦免會深信尊重人權應當是國際間共同遵行的事務和責任。並且歡迎中共有關當局對這一報告中所提的事實加以詳論，並提出解釋。更期望他們能採取任何可能的步驟去保障中國人民的基本人權。

一個政治綁擄案的教訓

昨晨七點，這裏的美軍電臺播出一則新聞，說六年前被法國綁擄去的五個「肉票」——阿爾及利亞民族運動的五位領袖，已隨法阿和議的成功而被釋放回去。他們先被送到瑞士，休息兩天，再飛摩洛哥，在那裏受到摩洛哥和阿爾及利亞軍民的盛大歡迎。

這是一個很有趣味也很有意義的故事。現在我把它寫出來送給「世界評論」，以供讀者欣賞和批評。

（這五人中的領袖，貝勒——臺北各報譯爲班貝拉——現任阿爾及利亞新政府的總理。百川註，五十二年十二月）

一

一九五六年秋季，阿爾及利亞的戰爭，已經一連打了兩年，雙方都焦頭爛額。於是，摩洛哥蘇丹姚賽夫，派他二十八歲的王子，向法國總理莫萊建議，願做調人，把阿爾及利亞民族主義的領袖請到摩洛哥的首都去商談，如有必要，再帶他們飛往突尼西亞，去和包吉巴總理一同會商。

莫萊滿口表示同意，並說可以保證他們的安全。

摩洛哥的蘇丹，獲得法國總理的保證後，就邀請貝勒等五人到摩國商談。這五人是貝勒、基特爾、鮑迭夫、阿米特、賴希雷夫。其中以貝勒的地位最重要，他是阿軍的統帥。其次是基特爾，他是地下工作的政治領袖。貝勒曾爲法軍所逮捕，一九五二年三月越獄，逃往埃及，聯合基特爾，於一九五四年十一月一日開始攻擊法軍。

這五人代表團在摩洛哥首都備受歡迎。十月二十二日，會談完畢，他們準備和蘇丹同機飛往突尼西亞，與包吉巴總理會談。駐阿爾及利亞的法國總部靈機一動，想在空中把這五位叛軍首領綁擄起來。

但有兩種困難必須設法解決：第一、他們必須先取得巴黎最高當局的同意；第二、他們必須不讓蘇丹與貝勒同乘一機，免得把他也一同綁去。

於是法國總部請求那位鷹鈎鼻子的李仇尼部長，把這空中綁擄計劃轉報莫萊總理。莫萊說：「絕對使不得」！可是李仇尼知道莫萊對摩洛哥蘇丹的盛大歡迎叛軍首領，已感不耐。他認爲假使眞的把他們誘捕起來，則生米煮成熟飯以後，莫萊也必樂於承認。於是李仇尼就通知情報人員，依照原定計劃去進行。

在摩國蘇丹起飛那一天，就是十月二十二日，蘇丹的法國顧問向蘇丹進言，要他叫貝勒等另乘一機，不與蘇丹同機。顧問說：「法國的輿論，對於國王招待叛軍首領的隆重，已經很有反感。現在假使讓他們和你同乘你的私人座機，法國的反感自必更甚。似乎應該叫他們另乘一機」。蘇丹不知法國人的陰謀。同意顧問的說法，在飛機場上臨時告訴貝勒等五人不便同行，他就乘了他的座機先行起飛了。貝勒等五人，還有九位外國記者，則另乘摩洛哥航空公司一架飛機，接著也飛往突尼斯。上飛機後，貝勒坐下來看報，基特爾則欣賞巴黎製造的火柴，他們不知道大禍已經臨到頭上了。

二

飛機到了阿爾及利亞海岸上空，法軍當局乃以無線電命令飛機的駕駛員法國人格瑞勒，把飛機飛到阿爾及利亞的軍用機場勃蘭契降落。這時摩洛哥當局也知道法當局的陰謀，立刻命令格瑞勒飛往西班牙一個機場，等候命令。可是，摩洛哥航空公司的法國人無線電發報員，似乎也已奉到法國當局的指示，沒有把摩國當局的命令通知格瑞勒。於是格瑞勒乃照法軍的指示，把座機飛往勃蘭契軍用機場。

飛機本來是預定在當晚九點一刻降落於突尼斯的機場的，現在改變航線，要在勃蘭契降落，格瑞勒深恐在降落以前引起貝勒等懷疑，於是一面把飛機在地中海上繞大圈子，使降落的時間正好是晚上九點一刻，同時他把二十二歲的空中小姐法國籍的藍芭特，叫進駕駛室去告訴她一切，並對她說：「現在你要做個偉大的女孩子。今天晚上，你就可以名垂史冊了」。他教她去跟五位貴賓閒談，免得他們起疑。

到了晚上九點十五分，藍芭特對貝勒等說：「現在請繫緊腰帶，滅掉紙煙，我們要到突尼斯了。」過了一會，他又照例的說：「在飛機停定以前，請不要動」！然後溜到駕駛室裏。

等到飛機一落地，武裝軍警立刻登機。這時貝勒等還把他們自己綁在椅子上。他們心裏才明白受了騙。貝勒說：「好啦！我們下飛機」。一個個舉手就擒。下機後，貝勒大叫道：「這就是信任法國的下場」！

三

在突尼斯，蘇丹和包吉巴遊行在三十七萬歡呼的突尼斯人羣中，聽到了他的貴賓被誘捕，幾乎氣昏了。事後他向法國提出嚴重抗議，認為這個陰謀把他玩苦了。他說：「如果我在巴黎，我願意法國人把我和我兒子關起，放掉那些因為信任我而被捕的人」。

突尼斯駐法大使，聞訊落淚。莫萊駐摩洛哥和突尼西亞專員薩瑞憤而辭職。包吉巴召回駐法大使，感慨地說：「北非從此沒有太平日子了」！

在巴黎，莫萊聞訊，氣急敗壞地說：「這眞是瘋了！我簡直不相信」！但是，經首腦們徹夜開會的結果，莫萊接受了這既成事實。次日起，各報一致頌揚這個綁案。莫萊並在國會裏獲得三三〇對一四〇的空前偉大的信任票。法國方面更宣佈，在叛軍首領的公事包裏，有二十五種機密文件，證明埃及總統確曾煽動反法。接著，北非各法屬地就大量逮捕反法分子，先後共計二十餘萬人。

阿爾及利亞的民族解放委員會，除了任命新領袖外，並宣佈決心把反法戰爭打到底，自此以後，整個北非的反法人的暴行，就更不可阻遏。綁擄幾個人有什麼好處呢？

《紐約時報》在十月二十五日就這個綁擄案加以評論。它說，阿爾及利亞人在法律上都是法國人，而貝勒等五人都經法國政府通緝在案，法國當局自然有權逮捕他們。但即使如此，《紐約時報》說：「法國當局這個做法是否明智，任何人都會懷疑。他們嚴重地侮辱了摩洛哥人和突尼西亞人。這五個人是摩洛哥蘇丹的貴賓，並由突尼西亞的總理邀往會晤。依照阿拉伯人的禮儀，法國人是犯了不可饒恕的罪行了。他們已經激起阿拉伯民族將使用最惡劣的手段去對付法國」。「當然」，《紐約時報》在結論中說：「這個賭博的作用，是以爲藉此可以摧毀阿爾及利亞人的反抗；而且法國人認爲阿拉伯人是最重視實力的；法國國內激動的羣衆對此已經表示滿意。但是，這著棋子究竟是高明的還是錯誤的，世變正亟，我們很快就可看到它的後果了」。

四

這六年來，貝勒等一直被拘禁在法國監獄中，總算法國也是一個「文明國家」，他們沒有被「撕票」。然而，阿爾及利亞的反法戰爭，卻並不因爲它的領袖被捕而平息，抑且更加厲害了。

於是戴高樂將軍乃不得不曲從阿爾及利亞人的獨立要求，於去年五月二十日下令停戰一個月，進行和談。同時就把貝勒等從監獄中釋出，遷居於法政府所指定的地方，離巴黎約一百二十里。直到五天前，他們才算眞的恢復了自由。但非洲人的記憶中將永遠留下這可恥的故事。

五十一年三月二十三日

陶百川全集

一　開宗明義　橫看側看
二　爲自由呼號
三　爲民主呼號
四　爲法治呼號
五　爲人權呼號
六　爲洗寃白謗呼號
七　爲改革開放呼號
八　爲造勢圖強呼號
九　爲公義私德呼號
一〇　爲端正政風呼號
一一　爲整肅官箴呼號
一二　爲遏制圖利呼號
一三　爲溝通安和呼號
一四　爲兩岸共存呼號
一五　爲三聯統一呼號
一六　臺灣還能更好麼

一七　走向天堂也向地獄
一八　政治緊箍咒與安全瓣
一九　政治十字架
二〇　臺灣經驗源頭活水
二一　臺灣經驗他山之石
二二　臺灣經驗統一大道
二三　臺灣經驗和平演變
二四　訪美觀感
二五　探索美國對華政策
二六　天下大勢冷戰低盪
二七　中國勞動法先聲
二八　三民主義與共產主義
二九　比較監察制度
三〇　監察的新經驗新發展
三一　困勉強狷八十年

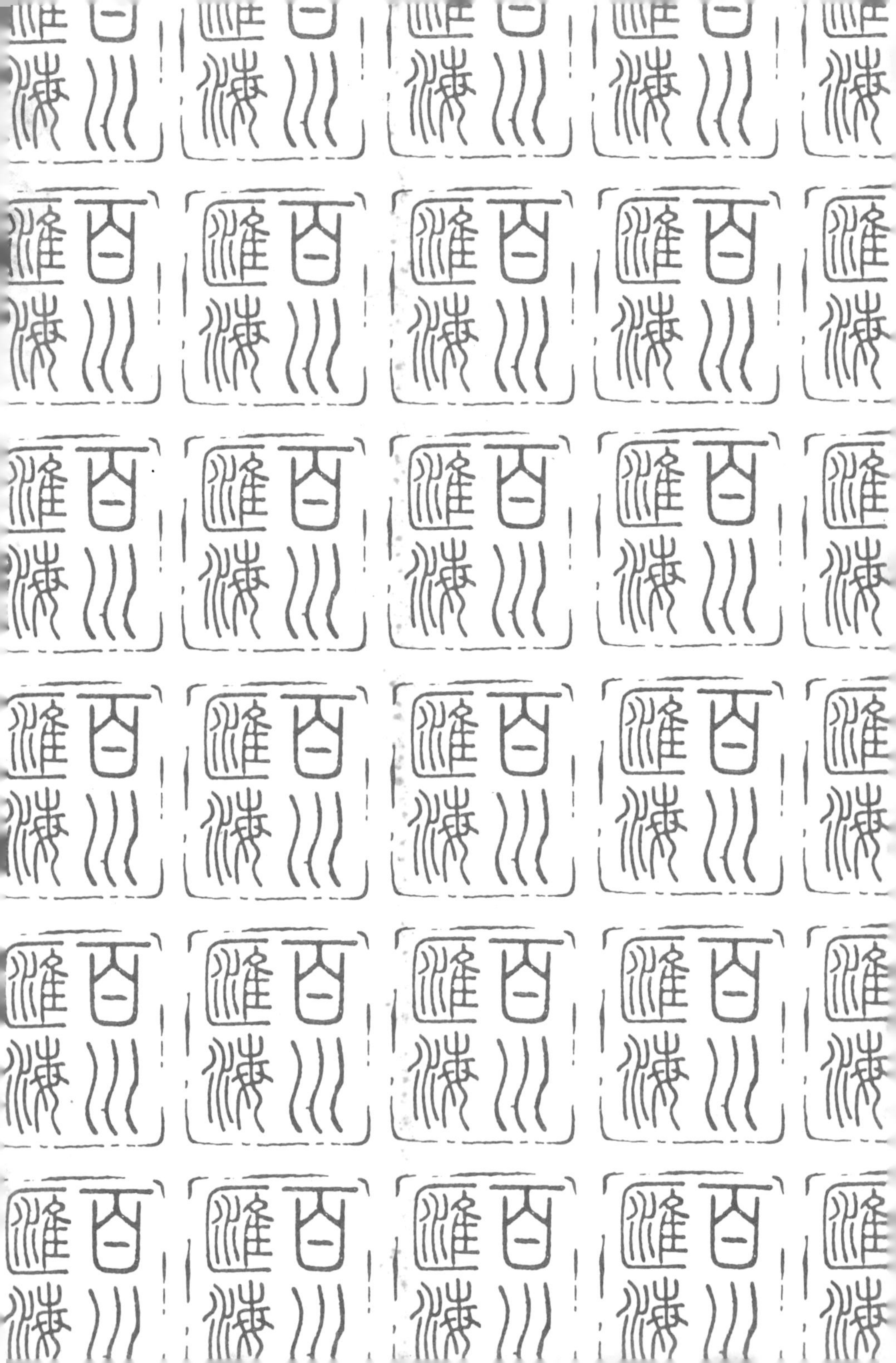
百川匯海